méthode de français

Guy Capelle
Albert Raasch

Hachette
français langue étrangère

Photographies et documents de :
J.L. Charmet, p. 68 ; Chanel, p. 74 ; Caisse d'Épargne, p. 87 ;
CIC, p. 87 ; Crédit Agricole, p. 87 ; Crédit Lyonnais, p. 87 ;
La Cigogne/Pix, p. 96 ; Diatec. Lyon. France, p. 8
(photo C. Perrat), p. 56, p. 99 ;
Direction centrale des douanes, p. 135 ; Ecom/Univas, p. 50 ;
Gable/Jerrican, p. 40 ; Guide Michelin France, p. 15 ;
Hachette, p. 50 ; p. 84, p. 86, p. 111 ; Lyon Matin, p. 47 ;
Office du tourisme de Lyon Communauté, p. 44 (photo Ravel), p. 56 ;
Office du tourisme de Neuchâtel, p. 140 ;
P.T.T., p. 39 ; P.T.T. belge, p. 40 ; A. Raasch, p. 75 ; Rush, p. 56 ;
S.N.C.F., p. 99 ; H. Szwarc, p. 27, p. 63, p. 74 ; T.C.L., p. 51.

Feuilleton « Avec plaisir » :
Scénariste : Serge de Boissac. Réalisateur : Pierre Sisser.
Photos : R. Gardette, M. Jaget/Camera,
© Hachette, Langenscheidt, Südwestfunk.

Dessins de :
C. Bougault, pp. 14, 16, 17, 28, 40, 41, 42, 62, 63, 64, 65, 86, 88, 89, 98, 100, 110, 113, 122, 123, 124, 128, 134, 135, 136, 137, 143, 146 ;
C. Bretécher, p. 147 ; © Nouvel Observateur
A. Depresle, pp. 20, 21, 26, 32, 38, 40, 63, 70, 76, 80, 92, 125, 144 ;
C. Le Gallo, p. 100

Maquettes de :
A. Depresle (intérieur)
V.M. Lahuerta (couverture)

« Avec plaisir »
En collaboration avec SWF, WDR, ORF, la télévision de la Suisse allemande et romande et les éditions Langenscheidt.

ISBN 2.01.010889.2

INTRODUCTION

Ce livre est un des éléments de l'ensemble multi-media « **Avec plaisir** » **1.**

Composition de « Avec plaisir » 1

- **quatre vidéocassettes** comportant les 13 épisodes du feuilleton, des séquences didactiques (grammaire et actes de parole) et des séquences « fonctionnelles » (à l'hôtel, à la pharmacie, au café, etc.),
- **un livre** pour l'étudiant,
- **deux cassettes sonores** accompagnant le livre et reprenant les passages les plus importants du feuilleton ainsi que certains exercices,
- **un cahier** d'exercices (96 pages),
- **une cassette sonore** accompagnant le cahier pour des exercices de compréhension orale, d'intonation ou de phonétique,
- **un guide** pour le professeur.

Public et objectifs

« Avec plaisir » 1 s'adresse :
- à des étudiants débutants complets en français qui travaillent avec un professeur ; ils pourront, en cent cinquante heures environ, découvrir et apprendre à maîtriser les principales difficultés du français actuel ;
- à des faux débutants qui voudront renforcer leurs connaissances en français.

Principes de « Avec plaisir » 1

A. Rôle et place de la vidéo

Dans cet ensemble, la **vidéo** joue un **rôle privilégié.**

L'histoire racontée dans le feuilleton est vivante, actuelle, souvent amusante et facile à suivre même si on ne connaît pas le français. Elle est composée de séquences courtes que l'on peut étudier séparément. L'image facilite la compréhension du texte. L'apprenant peut donc aller **du sens au mot** et non, comme dans les méthodes antérieures, attendre de connaître les mots et la grammaire pour comprendre le sens du dialogue ou du texte.

La langue est présentée dans des contextes authentiques : les éléments de la situation, analysables, permettent de comprendre grâce à ces contextes. Les séquences peuvent être revues autant de fois qu'on le veut.
La vidéo est donc **un support particulièrement riche, motivant et souple.**

Les **modalités d'utilisation** sont nombreuses : on verra le feuilleton en entier ou par courtes séquences, avec ou sans préparation particulière, avec ou sans le son, pour observer, analyser, comparer... Dans les pages « Comment travailler », ce livre donne des conseils pour organiser le travail à partir des documents vidéo.

On ne peut cependant laisser croire qu'il suffit d'observer quelques heures de film pour apprendre une langue ! Si la vidéo est un support inégalable pour faciliter une compréhension authentique et complète du fonctionnement de la langue et de la culture qui la sous-tend, **elle ne peut aider l'apprenant dans tous les domaines.** Elle ne peut pas vraiment entraîner à la production orale ; elle ne peut pas corriger ni fournir la pratique indispensable à l'acquisition de l'écrit. Il convient donc d'utiliser parallèlement **les autres éléments** de l'ensemble qui proposent objectifs, conseils, textes écrits, explications grammaticales et phonétiques, exercices et tests.

B. Utilisation des autres éléments

Ils peuvent se combiner d'un grand nombre de manières. **Chaque apprenant choisira ses itinéraires d'apprentissage et ses stratégies** en fonction de ses propres objectifs, de ses habitudes, de son niveau, du matériel et du temps dont il dispose. De la même façon, le professeur pourra varier les parcours.

Chacun pourra mettre l'accent sur les aspects choisis par lui et dans l'ordre qui lui convient. Par exemple :
- compréhension des situations de communication portées à l'écran,
- compréhension des phénomènes culturels,
- apprentissage des actes de parole les plus utiles,
- étude de la grammaire,
- prononciation et intonation, etc.

Les vrais débutants concentreront leur attention sur l'essentiel, c'est-à-dire sur les passages contenant les éléments linguistiques décrits dans les objectifs. Ils pourront revenir plus tard sur chacun des dossiers et des émissions et élargir leur étude à partir des points d'appui solides acquis antérieurement.

Dans ce livre, le signe ▭ indique les différents passages figurant sur les cassettes sonores accompagnant le livre, c'est-à-dire :
- les extraits du feuilleton,
- les sketchs de « Ça peut vous être utile »,
- les exercices à départ oral des pages « Pour comprendre et pour vous exprimer », ou « Apprenez à écouter et à dire ».

Le signe ✔ indique les moments où est proposé un visionnement des émissions sur vidéocassettes.

Organisation du livre

Le livre est indissociable des autres éléments de l'ensemble multi-media. Les dossiers, un par émission, sont organisés de la façon suivante (à l'exception du treizième) :

p. 1 « Objectifs »

p. 2 « Comment travailler »

Conseils
Préparation au visionnement

pp. 3 à 5

Texte de l'épisode du feuilleton et indications scéniques

p. 6 « Avez-vous bien suivi l'histoire ? »

Test

pp. 7-8 « Ça peut vous être utile »

Page « fonctionnelle »
Sketch, documents, activités

pp. 9-10 « Pour comprendre et pour vous exprimer »

Grammaire, actes de parole

p. 11 « Apprenez à écouter et à dire »

Phonétique, intonation, mimiques

p. 12

Résumé photo de l'épisode du feuilleton

En fin d'ouvrage, on trouve :
- des éléments de grammaire (pages 155 à 166),
- les réponses aux exercices marqués du signe (pages 167 à 171),
- un lexique des mots nouveaux (pages 172 et suivantes).

ET MAINTENANT...

Examinez chacun des éléments de l'ensemble pour découvrir sa structure, repérer les différentes rubriques et leur fonction dans l'ensemble.

Travaillez un peu chaque jour et essayez différentes stratégies, différentes manières de travailler. Revenez souvent à la vidéo pour préciser vos observations, confirmer vos hypothèses, tester votre compréhension et vos possibilités dans les situations proposées.

Et rappelez-vous : **vous ne comprendrez pas « tout » du premier coup.**
Travaillez à partir de ce que vous comprenez. L'étude d'une langue est une longue patience !
Et **il n'y a pas qu'une seule façon d'apprendre.** Agissez selon votre tempérament.

Découvrir

- **des lieux :** une gare, des rues, un hôtel simple, un bureau du journal *Lyon-Matin*...
- **des gens** et leurs façons d'être et de faire...
- **comment on se comporte** avec des amis, avec des étrangers...

Apprendre

- **à se présenter, à se saluer, à s'excuser, à demander et à donner des informations...**
- **à distinguer entre « tu » et « vous »**

et pour cela, utiliser

– des formes interrogatives *(Qui ? Qu'est-ce qui ?)*

– l'intonation montante de la question

– le présent de *être, avoir, faire*...

– *C'est* + nom ou pronom

– la négation *ne ... pas, ne ... pas de* + nom

– des noms de profession

- **à demander une chambre dans un hôtel**

COMMENT TRAVAILLER...

Mme Legros

1 Avant de regarder le film, étudiez le tableau ci-dessous.
Ce tableau montre des moments importants de l'histoire.
Observez les lieux. Découvrez les personnages.

les lieux	l'action	Posez-vous des questions.
1 à la gare de Lyon-Perrache	1	Martine arrive à Lyon. Pourquoi ? Qui attend Martine à la gare ?
2 à l'hôtel	2	Pas d'animaux dans l'hôtel ! Martine part ?
3 à la terrasse d'un café	3	Qui est Bernard ? Un danseur ?
4 au journal *Lyon-Matin*	4	Martine est contente. Pourquoi ?

2 Regardez le film.
Qui sont les personnages principaux ?

3 Avez-vous bien suivi l'histoire ? Répondez aux questions, page 13.
Ensuite, faites la partie A, « Observez le film et vous comprendrez », des exercices du Cahier.

4 Étudiez les pages 10 à 18 de votre livre.
Écoutez les passages du dialogue enregistrés sur la cassette.
Faites les parties B et C des exercices du Cahier.

5 Quelles sont les relations entre les trois personnages principaux ?
Complétez le schéma suivant.

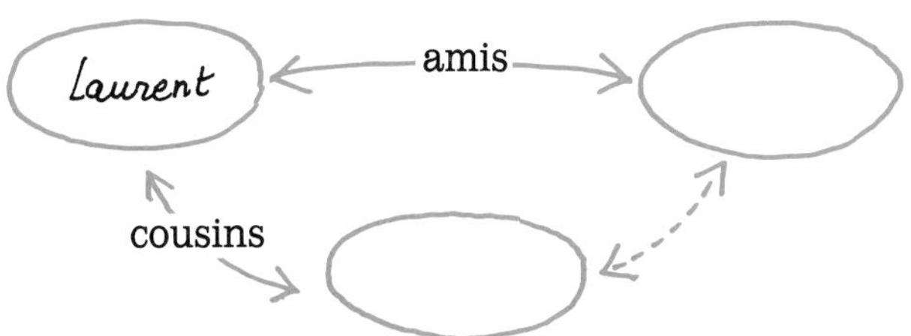

MARTINE ENTRE EN SCÈNE

Nous sommes à la gare d'Annecy.
Martine dit au revoir à ses parents.
Elle veut être stagiaire au journal "Lyon-Matin".

Dans une rue de Lyon

Laurent : Bonjour.
Je m'appelle Laurent.
Je suis journaliste.

Bernard : Et moi, je suis Bernard.
Photographe...
Grand photographe !

Laurent : Allez, pousse.
C'est l'heure !

A la gare de Lyon-Perrache

Un cheminot : Ça va, Bernard ?
Tu as une nouvelle voiture ?

Bernard : Oui, oui. Salut.

Laurent : Martine ?

Une jeune fille : Non, Colette !
Mais si vous préférez Martine...

Laurent : C'est une erreur, je suis désolé !

Un porteur : Oh ! Oh ! Je fatigue !
Ah, ça va mieux !
C'est beau, le progrès !

Laurent : Martine ?

Martine : Laurent ?

Laurent : Bonjour, Martine !

Martine : Salut, Laurent !
Tu vas bien ?

Martine : Oh, regarde !

Laurent : En général, ça marche...

A l'hôtel des Américains
Dans le hall de l'hôtel

Laurent : Madame Legros, voilà ma cousine, Martine Doucet.

Martine : Bonjour, Madame.

Mme Legros : Bonjour, vous faites du cinéma ?

Martine : Non. Pourquoi ?

Mme Legros : Oh, je ne sais pas, moi, avec votre physique...

Martine : Oui ?

Mme Legros : Non, non, rien...

Laurent : Bon, rendez-vous ici à cinq heures.

Mme Legros : Chambre 17, au premier.

Martine : Merci.

Mme Legros : Dites...
Vous n'avez pas d'animaux ?
Pas de chat ? Pas de chien ?

Martine : Moi ? n... non, non, non ! 〉

Dans la chambre de Martine

Martine : Minie... Bonjour, Minie !

Dans le hall de l'hôtel

Laurent : 〈 C'est calme ici...
Madame Legros n'est pas là ?

Un ouvrier : Elle est en haut.
Dans les escaliers...

Mme Legros : Pas de ça ici ! Pas de ça !

L'ouvrier : Ne touchez pas à la porte,
ne touchez pas...
(L'échelle tombe.)

Mme Legros : Ah là là ! Ça va ? 〉

Mme Legros : 〈 Non !

Martine : Mais elle est toute petite...

Mme Legros : NON... c'est non. 〉

Dans la chambre de Martine

Martine : Oui.

Laurent : Ben...

Martine : 〈 Je pars.
Madame Legros est fâchée.

Laurent : Madame Legros fâchée ?
Mais non !
Viens, on sort !

Dans le hall de l'hôtel

Mme Legros : C'est bien parce que c'est vous,
Monsieur Laurent !

Laurent : Tu vois... 〉

Dans les rues de Lyon

Laurent : 〈 J'aime beaucoup cette
église.

Martine : Elle s'appelle comment ?

Laurent : C'est l'église des Cordeliers.
Il y a beaucoup de belles choses
à Lyon.
J'adore le cinéma. Pas toi ?

Martine : Moi aussi, j'adore le cinéma,
mais j'aime également
beaucoup le théâtre. 〉

A la terrasse d'un café

Bernard : Vous aimez la France ?

Une Anglaise : Pas aujourd'hui.
Ça va mal...

Bernard : Qu'est-ce que vous faites
dans la vie ?

L'Anglaise : Danseuse.

Bernard : Danseuse ! Mais c'est
merveilleux !

MARTINE ENTRE EN SCÈNE

Laurent (à Martine) : Allez, viens.

Martine : Attends. Il est drôle.

Laurent : Non... Nous partons.

Bernard : Alors, je suis bon danseur ?

L'Anglaise : Oh ! No !

Bernard : Ça va mieux maintenant ?

L'Anglaise : Oui. Merci beaucoup, beaucoup.

Bernard : A bientôt, peut-être.

L'Anglaise : Peut-être !

Au journal *Lyon-Matin*

Laurent : ⟨ C'est monsieur Duray, le rédacteur en chef.

M. Duray : Mon cher ami, merci d'être venu, et à bientôt !

Le monsieur : Au revoir et à bientôt !

Dans le bureau de Laurent et Bernard

Laurent : Ton rendez-vous est à six heures ?

Martine : Oui.
Vous êtes deux dans le bureau ?

Laurent : Oui... Bernard est mon meilleur ami ! ⟩

Martine : Elles sont fantastiques !

Bernard entre.

Laurent : ⟨ Justement, voilà Bernard !

Martine : Mais, c'est le danseur !

Bernard : Et photographe, pour vous servir !
Bonjour, Martine !
Vous n'aimez pas mes photos ?

Martine : Si, elles sont formidables.
Et vous, vous êtes très gentil !

Bernard : Alors, on se dit « tu ».

Martine : On se dit « tu ».
Je peux avoir une photo ?

Bernard : Toutes, si tu veux...

Laurent : Bon. Il est l'heure...

Martine : Allons-y ! ⟩

Bernard : ⟨ Martine est toujours chez Duray ?

Laurent : Écoute, Bernard, du calme.
Martine n'est pas ta cousine.

Bernard : Ce n'est pas ma cousine.
Mais elle est bien jolie. ⟩

Laurent : Pense à Sophie !

Bernard : Et toi, à Patricia !

Laurent : D'accord !

Martine : Merci beaucoup, Monsieur.
Entendu...
A bientôt, Monsieur.

AVEZ-VOUS BIEN SUIVI L'HISTOIRE ?

1 Qui sont les personnages ? Faites cinq phrases.

Laurent		rédacteur en chef.
Martine		la patronne de l'hôtel.
Bernard	est	la cousine de Laurent.
Monsieur Duray		l'ami de Bernard.
Madame Legros		photographe.

2 Mettez les événements dans le bon ordre.

a. Je suis bon danseur ?

b. Madame Legros, voilà ma cousine Martine Doucet.

c. Vous n'aimez pas mes photos ?

d. Ne touchez pas à la porte !

3 Quelle est la bonne réponse (1, 2 ou 3) ?

a. Martine a :
  1. un chien.
  2. une petite souris.
  3. un chat.

b. Martine a rendez-vous à six heures :
  1. avec Bernard.
  2. avec Laurent.
  3. avec monsieur Duray.

4 Vous présentez quelqu'un. Qu'est-ce que vous dites ?

Choisissez a ou b ou c.

a. Je suis journaliste.
b. Voilà Patricia, l'amie de Laurent.
c. Mais, c'est le danseur ?

5 Que disent-ils ?

ÇA PEUT VOUS ÊTRE UTILE...

A L'HÔTEL

A la réception d'un petit hôtel, le veilleur de nuit regarde la télévision. Une dame entre.

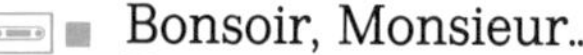

- ■ Bonsoir, Monsieur...
- ● Bonsoir...
- ■ Vous avez une chambre ?
- ● Marseille, Lyon : Cinq à zéro !
- ■ Cinq à zéro ?
- ● Pardon... Vous voulez une chambre ?
- ■ Oui, c'est ça.
- ● Avec ou sans douche ?
- ■ Avec douche.
- ● Alors, la douze.
- ■ C'est combien, la chambre ?
- ● Cent quatre-vingts francs.
- ■ D'accord.
- ● Voici votre clef.
  Premier étage, à droite.
- ■ Bonne nuit !
- ● Hein ?... Oh moi, vous savez...

Le veilleur de nuit met un écriteau « Complet », et retourne à sa télévision. L'hôtel s'appelle « L'Hôtel du Silence ». Soudain, un grand cri :
« Encore un but ! »

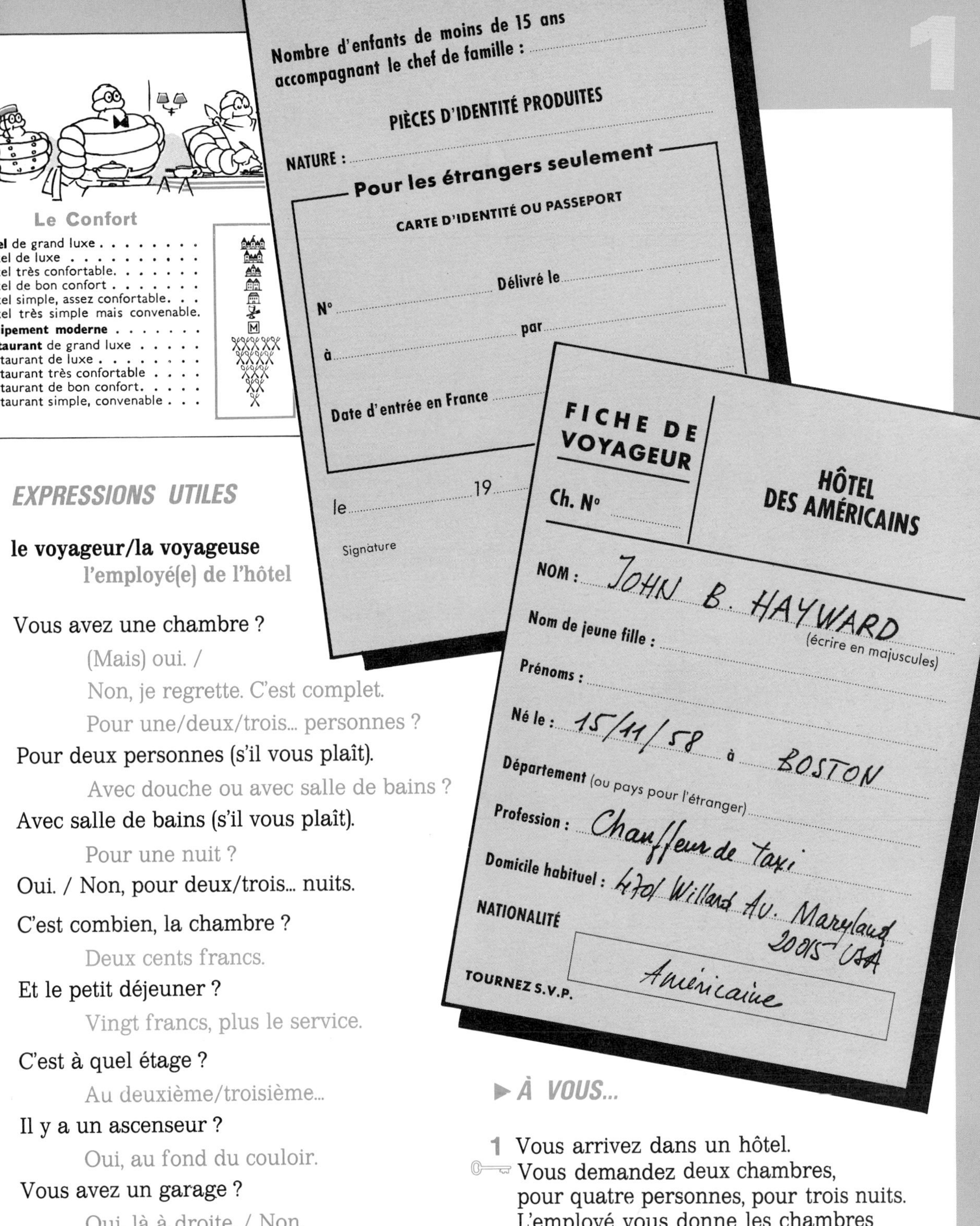

EXPRESSIONS UTILES

le voyageur/la voyageuse
l'employé(e) de l'hôtel

Vous avez une chambre ?
(Mais) oui. /
Non, je regrette. C'est complet.
Pour une/deux/trois... personnes ?

Pour deux personnes (s'il vous plaît).
Avec douche ou avec salle de bains ?

Avec salle de bains (s'il vous plaît).
Pour une nuit ?

Oui. / Non, pour deux/trois... nuits.

C'est combien, la chambre ?
Deux cents francs.

Et le petit déjeuner ?
Vingt francs, plus le service.

C'est à quel étage ?
Au deuxième/troisième...

Il y a un ascenseur ?
Oui, au fond du couloir.

Vous avez un garage ?
Oui, là à droite. / Non.

Je pars ce matin. Vous me préparez la note, s'il vous plaît ?

Excusez-moi. Quelle est cette somme, ici ?
C'est votre repas d'hier soir.
C'est le service...

▶ À VOUS...

1 Vous arrivez dans un hôtel. Vous demandez deux chambres, pour quatre personnes, pour trois nuits. L'employé vous donne les chambres 23 et 25 au quatrième étage.

2 Vous téléphonez à un hôtel pour vous informer sur le prix des chambres.

3 Vous quittez l'hôtel. Vous payez la chambre.

POUR COMPRENDRE ET POUR VOUS EXPRIMER

1 Identifier des personnes

Qui est-ce ?

– C'est Madame Legros.
– C'est...

Vous êtes Martine Doucet ?
Oui, c'est moi.
Non, ce n'est pas moi.

▶ Identifiez des gens dans la classe.

2 Demander quelle est la profession

Qu'est-ce que vous faites ?
tu fais ?

Je suis journaliste.
dentiste.
ingénieur...

(voir conjugaison de *être* p. 158)

Qu'est-ce qu'elle fait ?
Elle est photographe.

▶ Dans le film *Avec plaisir*, qui est journaliste ? Qui est rédacteur en chef ?...

3 Identifier des animaux et des choses

Qu'est-ce que c'est ?

C'est un sandwich.

C'est une souris.

▶ Quels sont ces bâtiments ?

4 Masculin ou féminin ? Singulier ou pluriel ?

	singulier (1)		pluriel (2, 3, ...)
masculin	un chat un ami le cinéma l' ami	masculin et féminin	des chats des amis les cinémas les amis
féminin	une photo une amie la voiture l' église		des photos des amies les voitures les églises

▶ Complétez.
a. C'est ... bureau de Laurent.
b. C'est ... amie de Martine.
c. C'est ... cousine de Bernard.
d. ... photos sont là.
e. Regarde ... chats.

5 Ne ... pas

Vous êtes monsieur Duray ?
– Non, ce **n'**est **pas** moi.

C'est madame Legros ?
– Non, ce **n'**est **pas** elle.

NE (ou N') + verbe + PAS

▶ Ce n'est pas vrai ! Répondez.

Ex. : Martine est photographe ?
– Mais non, Martine n'est pas photographe.

a. On sort ?
b. Elles sont à Lyon ?
c. Elle aime le théâtre ?
d. Madame Legros est en haut ?
e. Elle part ?

6 Exprimer la possession

J'ai un chien, et vous ?
– Nous, nous avons des chats.

Tu as une voiture, et eux ?
– Eux, ils n'ont pas de voiture.

⚠ Si vous n'avez pas de chien, pas d'amis, pas de voiture... utilisez :

NE ... PAS DE (ou D') + nom

▶ Qu'est-ce que vous avez ?

Des animaux (un chien, un chat, une souris), des amies, une cousine ?
Répondez.

(Voir la conjugaison de *avoir* p. 158)

7 S'adresser à quelqu'un : « tu » ou « vous » ?

TU AS UNE CIGARETTE ?

Madame Legros, c'est vous ?
– Non, ce n'est pas moi.

Jean, tu as un chien ?
– Non, mais j'ai un chat.

TU : entre amis.

VOUS : entre personnes qui ne se connaissent pas, ou pas bien, et pour marquer le respect.

▶ Vous demandez à un(e) ami(e) si
– il/elle est fâché(e),
– il/elle a un rendez-vous.

▶ Vous demandez à quelqu'un que vous ne connaissez pas bien si

– il/elle a un chien.
– il/elle est fâché(e).

APPRENEZ À ÉCOUTER ... ET À DIRE

1 Écoutez et regardez.

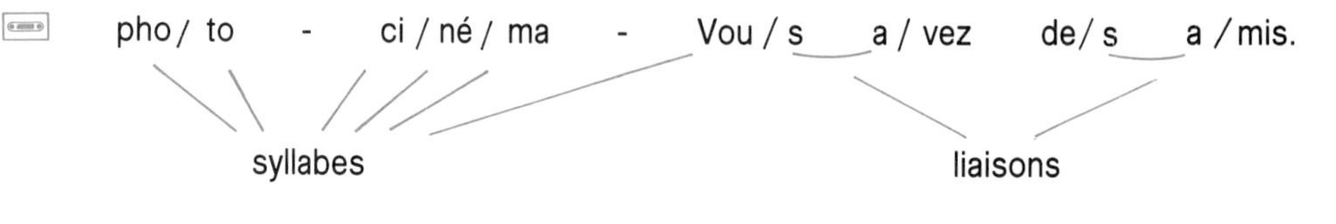

J'ai / m(e) au / ssi le / ci / né / ma.

E / ll(e) es t en haut.

▶ Écoutez et répétez les phrases suivantes.

a. Vous n'aimez pas les chats ?
b. Ne touchez pas à la porte.
c. Vous n'avez pas d'animaux ?
d. J'aime aussi le théâtre.
e. Le rendez-vous de Martine est à six heures.

▶ Écoutez une deuxième fois.

On écrit : Vous n'aimez pas les chats.

Mais on entend :
Vous / n'ai/mez / pas / les / chats.

---

2 En parlant, on fait des liaisons :

des amis, les éléphants, à six heures

J'aim(e) aussi..., ell(e) est...

▶ Écoutez et lisez. Marquez les liaisons.
Écoutez une deuxième fois et répétez.

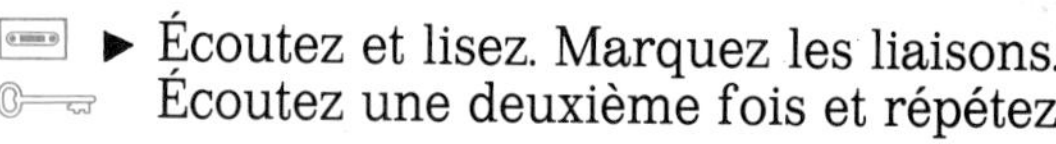

Ex. : a. J'aime beaucoup cette église.
b. Ton rendez-vous est à six heures.
c. Vous êtes deux dans le bureau ?
d. Bernard est mon meilleur ami.
e. Il est l'heure.

---

3 Observez les personnages.

▶ Choisissez a ou b.

a. Elle a peur.
b. Elle est contente.

a. Elle est aimable.
b. Elle est surprise.

1

ÉMISSION 2

UNE RÉCEPTION CHEZ LAURENT

OBJECTIFS

Découvrir

- **des lieux :** un petit appartement de célibataire
- **des gens :** comment ils se comportent dans une réception mi-amicale, mi-mondaine

Apprendre

- **à accueillir et à présenter les gens**
- **à remercier, à s'excuser**
- **à faire des reproches**

et pour cela, utiliser

- le présent et l'impératif des verbes en *-er*
- les chiffres de 1 à 12
- les adjectifs possessifs
- les marques du masculin/féminin, singulier/pluriel des noms et des adjectifs
- l'accord de l'adjectif

- **à « dire bonjour », à « dire au revoir » quand on arrive et quand on part**

COMMENT TRAVAILLER...

1 Avant de regarder le film, étudiez le tableau ci-dessous.
Il montre des moments importants de l'histoire.

un seul lieu	l'action	Posez-vous des questions.
chez Laurent	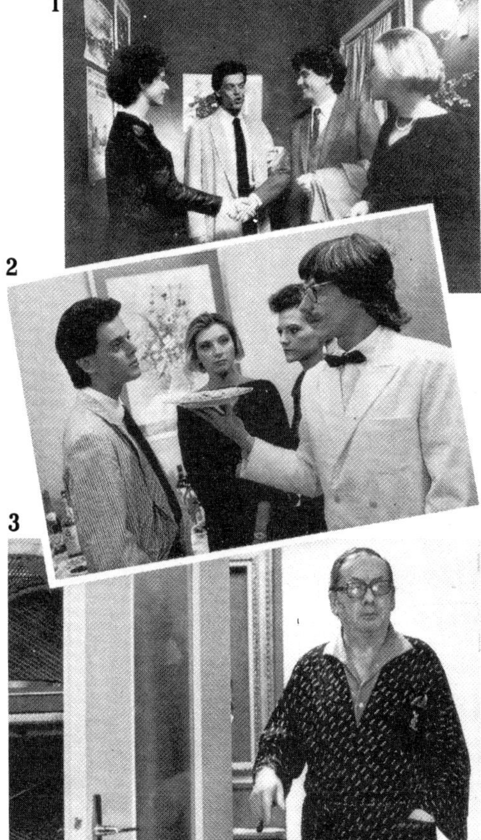 1	Pourquoi est-ce que Laurent donne une réception ?
	2	Qui est ce serveur ? Est-ce que vous le connaissez ?
	3	Qui est ce monsieur ? C'est un invité ?

2 Regardez le film. Observez les lieux et les personnages.

3 Avez-vous bien suivi l'histoire ? Répondez aux questions page 25.
Si vous ne pouvez pas répondre, regardez le film une deuxième fois ou lisez le texte du dialogue, pages 22 à 24.
Faites la partie A, « Observez le film et vous comprendrez », des exercices du Cahier.

4 Étudiez les pages 22 à 30 de votre livre.
Écoutez les passages du dialogue enregistrés sur la cassette.
Faites les parties B et C des exercices du Cahier.

5 Est-ce que vous pouvez maintenant saluer quelqu'un en français, présenter quelqu'un ?
Est-ce que vous connaissez les chiffres de 1 à 12 ?

ÉMISSION **2**

UNE RÉCEPTION CHEZ LAURENT

Martine est maintenant stagiaire à "Lyon-Matin". Laurent invite ses amis et collègues du journal pour présenter Martine.

Nous sommes chez Laurent.

PREMIÈRE PARTIE

On sonne à la porte. Bernard entre.

Bernard : Bonsoir.
Georges et Sylvie sont là.

Laurent : Bonjour, les amoureux.
Vous connaissez
Martine Doucet.
Georges est notre spécialiste
du théâtre.

Georges : Enchanté.
Alors, votre première
impression ?

Martine : Bonne...
Et vous, Madame, vous faites
quoi au journal ?

Sylvie : Eh bien, je m'occupe surtout de
la publicité.

Laurent : Bonsoir, Monsieur.
Martine !
Je vous présente
Martine Doucet.
Monsieur Henri Ranot,
le directeur
des relations humaines.

Martine : Bonsoir.

M. Ranot : Vous êtes la nouvelle stagiaire ?

Martine : Oui, et je suis ravie
de ces premiers jours.

Dans la cuisine

Martine : Monsieur Duray arrive bientôt ?

Bernard : Duray ? Il vient ?
Casanova est invité ?

Laurent : Ben oui...

Bernard : Eh bien, si ton patron vient,
moi, je pars.

Laurent : Mais, Bernard...

Casanova (c'est le surnom de M. Duray au journal) est invité. Bernard, fâché, part. Il rencontre le serveur dans la rue.

Bernard : Vous êtes le serveur
de la réception ?

L'homme : L'extra, Monsieur.

Bernard : Venez, j'ai une affaire
à vous proposer.

Laurent accueille monsieur Duray et sa femme.

Laurent : ⟨Mes hommages, Madame.
Bonsoir, Monsieur.
Martine Doucet. Elle est stagiaire.

M. Duray : Bien sûr... Je sais... Charmante.

Mme Duray : Vous venez d'Annecy, n'est-ce pas ?
Et Lyon est une bien grande ville...

Martine : Après quatre ans de Paris,
je n'ai pas trop de problèmes ici. ⟩
Je vous en prie.

Dans la salle de bains Que fait Bernard ?

Martine : Oh pardon. C'est toi ?
Qu'est-ce que tu fais ?

Bernard : Le service. Tiens, aide-moi à coller ma moustache.
Va, allez, retourne là-bas.

Pendant la réception

Bernard : Pardon !

Laurent : Ah, vous voilà enfin... vous...

Bernard : Si Monsieur n'est pas content...,
j'arrête le service.

Laurent : Bon... bon...

Bernard : Mademoiselle...
Madame... Messieurs...
Pardon.

M. Duray : ⟨Cet homme est complètement ivre !

Laurent : Excusez-moi, Monsieur,
je suis désolé, Monsieur.

(à Bernard) : Mais qu'est-ce que vous faites ?

Bernard : Mon travail, Monsieur.

On entend un grand bruit. Bernard sort de la cuisine.

Bernard : Dix assiettes, dix ! ⟩

UNE RÉCEPTION CHEZ LAURENT

Mme Duray (à son mari) : Il est l'heure, mon ami. Très réussie, votre soirée, Monsieur Nicot.

Laurent : Merci, Madame.

M. Duray : Mon cher Laurent, merci et à tout à l'heure...

Martine : Une heure moins le quart !

M. Duray : Ranot !

Laurent : Je vous raccompagne.

Monsieur et madame Duray partent.

Le voisin du dessus, en pyjama, entre chez Laurent.

Le voisin : Laurent, votre porte ferme mal.

Le voisin (aux autres) : Je suis le voisin du dessus... Je viens toujours à la fin des soirées... Je ne connais personne. Ah, si !

(à Martine) : Vous êtes Martine Doucet ! Vos parents habitent toujours Annecy ?

Martine : Oui, Monsieur.

Le voisin : Je m'appelle Henri Vergeot. Je suis antiquaire, comme votre père.

Martine : Ah, je me souviens. Vous êtes un ami de papa !

Le voisin : J'ai même des photos de vos parents.

Martine : Je peux les voir ?

Le voisin : Attendez, je vais les chercher. Attendez.

Laurent donne cent francs au « serveur ».

Bernard : Cent francs ? C'est tout ?

Laurent : A la cuisine !

On entend un grand bruit. Bernard sort de la cuisine.

Bernard : Deux ou trois verres, un grand plat blanc !

Le voisin : Les voici, les voici. Pardon, excusez-moi ! Voilà, attendez ! Tenez, me voici, à Paris, avec les parents de Martine. Voilà votre maman... Et puis, oh ! Là, au ski, vous vous souvenez ?

Le « serveur » regarde aussi les photos du voisin.

Bernard : Ces photos sont excellentes !

Laurent reconnaît Bernard.

Laurent : Ah ! C'est toi ! Mes cent francs ! Rends-moi mes cent francs !

Bernard : Pas question !

2

AVEZ-VOUS BIEN SUIVI L'HISTOIRE ?

1 Mettez les événements dans le bon ordre.

a. Venez. J'ai une affaire à vous proposer.

b. Vous êtes la nouvelle stagiaire ?

c. Je viens toujours à la fin des soirées.

d. Duray ? Il vient ?

2 Bernard part...

a. parce qu'il est serveur.
b. parce que Duray est invité.
c. parce que Duray parle à Martine.

3 Laurent...

a. sait que le serveur est Bernard.
b. demande à Bernard de servir.
c. ne sait pas que le serveur est Bernard.

4 On vous présente quelqu'un. Qu'est-ce que vous dites ? Choisissez a ou b ou c.

a. Je viens.
b. Enchanté(e).
c. Oh, pardon !

5 Pour vous excuser, qu'est-ce que vous dites ?

a. Je suis ravi(e).
b. Pas question.
c. Je suis désolé(e).

6 Qu'est-ce qu'ils disent ?

ÇA PEUT VOUS ÊTRE UTILE...

Dire "BONJOUR" Dire "AU REVOIR"

Un jeune homme, un bouquet de fleurs à la main, sonne à la porte d'un appartement.

Une dame ouvre la porte.

- ■ Bonjour, Madame.
- ● Bonjour, Monsieur.
- ■ C'est pour vous.
- ● Mais...
- ■ Je suis l'ami de Catherine.
- ● Catherine, tu connais ?
- ▲ Catherine ? Ah, Catherine Lancelot. Quatrième étage !
- ■ C'est ici, le quatrième étage ?
- ● Non, c'est le troisième.
- ■ Oh, pardon, je suis désolé.
- ● N'oubliez pas vos fleurs. Ce n'est rien. Au revoir, jeune homme !
- ■ Au revoir, Madame.

Le jeune homme monte à l'étage au-dessus. Il sonne. La porte s'ouvre et il entre. On entend la voix de Catherine.

- ○ Tu arrives maintenant ? Regarde l'heure.
- ■ Non, mais je vais t'expliquer.
- ○ Mes parents t'attendent.
- ■ Oui, oui.

Trois heures plus tard, la porte s'ouvre de nouveau et le jeune homme sort.

- ○ Au revoir, Paul. Mes parents sont très contents.
- ■ Moi aussi.
- ○ La prochaine fois, attention à l'étage.
- ■ Les gens du troisième sont très gentils.
- ○ Et moi ?
- ■ Oh, toi... Au revoir ! A bientôt.
- ○ A bientôt !

Est-ce que vous connaissez le code pour entrer ?

EXPRESSIONS UTILES

Bonjour Monsieur/Madame/Mademoiselle.
Je suis...

> Ah, vous êtes... !
> Enchanté(e).
> Ah, c'est toi Jean ! Heureux de te voir.

Monsieur Durand, c'est bien ici ?
Je suis bien chez monsieur Durand ?

> Oui, c'est ici. Entrez, je vous prie.
> Oui, il vous attend.
> Attendez un instant, s'il vous plaît.

C'est bien le quatrième étage ?

> Non, ici c'est le troisième.

Oh pardon. Je suis désolé(e).

> Ce n'est rien.

Au revoir, Monsieur/Madame/Mademoiselle.
A bientôt.

> Au revoir... Bonsoir. Bonne nuit.

Merci beaucoup.
J'ai passé une excellente soirée.

> De rien./Je vous en prie.

Lyon, le 15 octobre 1985

Chers amis

Merci de votre excellent accueil et de cette soirée très réussie.

A bientôt, j'espère.

Amitiés,

Jean-Pierre Simon

Une lettre de remerciement

▶ À VOUS

Jouez les scènes avec un partenaire.

1 Vous présentez votre ami Jean à madame Sautet, une amie de votre famille.

2 Vous sonnez à la mauvaise porte. On vous ouvre... Vous vous excusez.

3 Vous passez une bonne soirée chez des amis. A onze heures du soir, vous partez et vous les remerciez.

2

POUR COMPRENDRE ET POUR VOUS EXPRIMER

1 Présenter quelqu'un

Voilà Martine Doucet.	⟶	*entre jeunes, entre amis*	⟶	Bonjour Martine. Ça va ?
Je vous présente monsieur/madame Duray.	⟶	*pour marquer la distance et le respect*	⟶	Enchanté(e). Mes hommages (Madame).

2 Le présent de l'indicatif des verbes réguliers (en -er)

	singulier	pluriel
1re pers.	j' aim**E**	nous aim**ONS**
2e pers.	tu aim**ES**	vous aim**EZ**
3e pers.	il/elle aim**E**	ils/elles aim**ENT**

▶ Que faites-vous tous les jours ?

Utilisez : manger, travailler...
(voir la conjugaison des verbes p. 157)

⚠ devant voyelle **je → j'**
J'arrive.

⚠ Je regarde, tu regardes, il regarde, elles regardent | même prononciation

Ex. : Je regarde l'heure. *(maintenant)*
Laurent parle à monsieur Duray. *(tous les jours)*
Les chiens sont des animaux fidèles. *(toujours)*

3 Demander à quelqu'un de faire quelque chose

Pour donner un ordre, vous pouvez utiliser :

– l'impératif

Viens, Jean.	Venez, Madame.
Va chercher les photos.	Allez chercher les photos.
Retourne là-bas.	Retournez là-bas.
Ne fais pas de photos.	N'arrêtez pas le service.

– le présent de l'indicatif

Tu ne viens pas, Jean.
Vous venez, Madame.

– une question pour suggérer ce qu'on veut

Tu vas chercher les photos ?

▶ Demandez à un ami de deux manières différentes...

Ex. : ... de venir
– Viens. Tu viens ?

a. de partir
b. de faire le service
c. de montrer des photos

▶ Interdisez à quelqu'un...

Ex. : ... de faire le service
– Ne faites pas le service.

a. de faire des photos
b. de toucher à la porte

4 Exprimer la possession : les adjectifs possessifs

Ex. : C'est le bureau du rédacteur en chef ? – Mais oui, c'est son bureau.

Les adjectifs possessifs s'accordent avec les noms :

vos parents, leurs assiettes, ta photo.

⚠ Devant un nom féminin commençant par une voyelle, employez *mon, ton, son* : ton assiette

(Voir tableau des adjectifs possessifs p. 164)

▶ Présentez des gens, des objets.

Ex. : J'ai un bureau.
→ Voilà mon bureau.

a. J'ai un journal.
b. Elle a une amie.
c. Il a un verre.
d. Elle a une souris.

5 L'accord des noms et des adjectifs

Les adjectifs s'accordent avec les noms :

le grand plat blanc
les grand**s** plat**s** blanc**s**

la petit**e** voiture ble**ue**
les petit**es** voitures ble**ues**

Ils sont charmant**s**.

⚠ La consonne finale est prononcée au féminin :

Elles sont charman**tes**.

⚠

masculin	féminin
beau/beaux	belle(s)
nouveau/nouveaux	nouvelle(s)
bon(s)	bonne(s)

▶ Faites des phrases et utilisez la bonne forme de l'adjectif.

Ex. : C'est / joli / photo
→ C'est une jolie photo.

a. C'est / bon / journal
b. C'est / petit / souris
c. C'est / beau / église
d. Il / avoir / grand / chien
e. Elles / être / charmant

6 Répondre « oui » ou « si »

Les parents de Martine habitent Annecy ?

– Oui.
– Non.

Les parents de Martine **n'**habitent **pas** Annecy ?

– **Si.**
– Non.

▶ Pensez au film et répondez à ces questions.

a. Monsieur Duray n'est pas invité ?
b. La soirée n'est pas réussie ?
c. Bernard n'a pas de voiture ?
d. Laurent n'est pas rédacteur en chef ?
e. Madame Duray n'habite pas Paris ?

APPRENEZ À ÉCOUTER ... ET À DIRE

1 L'accent tonique en français

Il est toujours **sur la dernière syllabe** du mot ou du groupe.

MarTINE !

LauRENT est dans son buREAU.

MarTINE est à l'hôtel des AmériCAINS.

Le serVEUR fait son traVAIL.

▶ Écoutez et répétez les phrases suivantes.

a. Je suis ravie de ces premiers jours.
b. Je vous présente Martine Doucet.
c. J'ai une proposition à vous faire.
d. Je viens toujours à la fin des soirées.
e. Ces derniers moments sont très agréables.

▶ Écoutez une deuxième fois et soulignez les syllabes accentuées.

Ex. : Je suis ravie de ces premiers jours.

2 L'intonation

Casanova est invité.

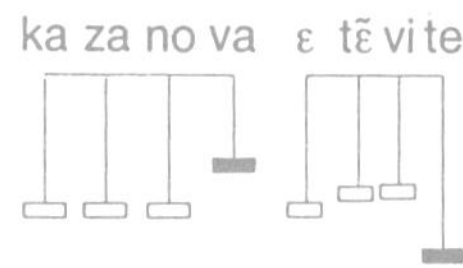

Casanova est invité ?

▶ a. Écoutez les phrases suivantes et répétez-les.

b. Transformez ces phrases en questions.

Ex. : Vous connaissez Martine Doucet.

→ Vous connaissez Martine Doucet ?

a. Ta première impression est bonne.
b. Elle travaille au journal.
c. C'est la nouvelle stagiaire.
d. Vos parents habitent Annecy.
e. Vous êtes un ami de papa.

2

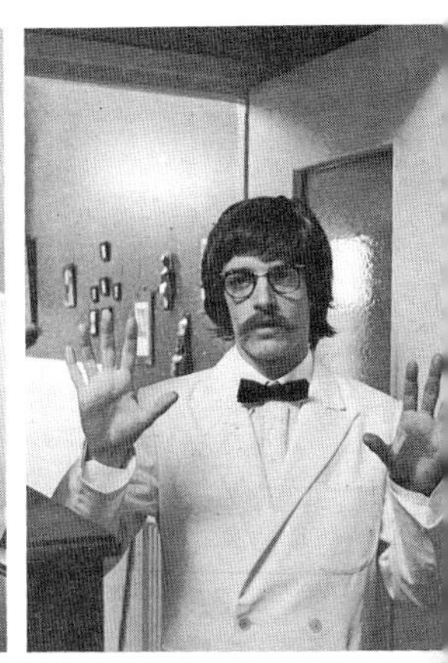

ÉMISSION 3

UNE JOURNÉE DIFFICILE POUR MARTINE

OBJECTIFS

Découvrir

- **des lieux :** un magasin de chaussures, une foire-exposition, un restaurant...
- **des gens :** dans leur vie professionnelle (la foire-exposition), leur vie privée (achats, loisirs), leurs habitudes et leurs mouvements d'humeur (au téléphone public)

Apprendre

- **à demander et à donner des renseignements**
- **à situer des lieux et indiquer des directions**
- **à exprimer des émotions :** la colère, la surprise, le découragement...

et pour cela, utiliser

- des prépositions de lieu : *à, en, dans* + noms de villes et de pays
- les verbes
  aller à et *venir de*
- les interrogatifs
  Où ?, D'où ?, Quand ?, Quoi ?
- les pronoms personnels compléments directs :
  le, la, l', les, me, te, nous, vous

- **à téléphoner en français**

COMMENT TRAVAILLER...

1 Avant de regarder le film, étudiez le tableau ci-dessous.

les lieux	l'action	Posez-vous des questions.
1 dans la rue	1	Bernard s'excuse. Pourquoi ?
2 à l'exposition	2	Que demande Martine ? Pourquoi ?
3 au restaurant	3	Qu'est-ce qui se passe ?
4 sur le court de tennis	4	Qui va jouer au tennis ?

2 Regardez le résumé photographique de la page 43.
Essayez de deviner l'histoire.

3 Regardez le film. Répondez aux questions du tableau.
Observez comment on demande des renseignements, comment on téléphone...

4 Avez-vous bien suivi l'histoire ? Répondez aux questions page 37.
Si vous ne savez pas répondre, regardez le film une deuxième fois et/ou lisez le texte du dialogue, pages 34 à 36.
Faites la partie A, « Observez le film et vous comprendrez », des exercices du Cahier.

5 Écoutez la cassette et apprenez des parties du dialogue.

6 Étudiez les pages 34 à 42 de votre livre.
Faites les parties B et C des exercices du Cahier.

7 Est-ce que vous pouvez maintenant situer des lieux, indiquer des directions ?
Est-ce que vous pouvez comprendre si quelqu'un est en colère ?

ÉMISSION 3

UNE JOURNÉE DIFFICILE POUR MARTINE

Après la réception chez Laurent, Martine connaît tous ses collègues de Lyon-Matin.
Aujourd'hui, elle va faire un reportage à la foire-exposition de meubles.
Mais elle veut d'abord acheter des chaussures.

PREMIÈRE PARTIE

Au magasin de chaussures

La vendeuse : Et celles-ci, elles font mal ?

Martine : Non, non. Je les prends.
C'est combien ?

La vendeuse : Deux cent cinquante.

A l'hôtel

Mme Legros : Une lettre.
C'est un amoureux ?

Martine : Non. Ce sont mes parents.

Mme Legros : De mauvaises nouvelles ?

Martine : Non. Mon cousin du Canada vient en France.

Mme Legros : Ah ! Il porte des fourrures ?

Martine : Non, Madame Legros !

Mme Legros : Bon...

Dans la rue, Bernard rencontre ses amies, Sophie et Patricia.

Sophie : Bernard ! Que se passe-t-il ?

Patricia : On ne se voit plus !

Bernard : On a un travail !
Tu ne te rends pas compte !
On n'arrête pas !

Patricia : Et Laurent ?

Bernard : Ce pauvre Laurent !
Il n'a pas une minute à lui !

A la foire-exposition

Laurent : Au revoir, jolie Martine !
A ce soir !

Martine : Salut !

Un ouvrier : Ne touchez pas,
tout va tomber !

Martine : Bonjour, Monsieur.
Je suis Martine Doucet,
de *Lyon-Matin.*

1er exposant : Enchanté, Mademoiselle.

Martine : Vous produisez quoi,
Monsieur ?
Quel type de meubles ?

1er exposant : Des salons de cuir,
des fauteuils,
des salles à manger.
Mais, comme vous le savez,
la crise nous touche beaucoup.

Martine : C'est intéressant pour vous,
cette exposition ?

1er exposant : Certainement.
C'est une excellente ouverture commerciale...

Martine : Pour la création de nouveaux meubles ?

1er exposant : Exactement.
C'est tout à fait ça.

Martine : Il est presque terminé,
votre stand ?

1er exposant : Il faut bien, on ouvre demain.

Martine : Merci beaucoup !
Au revoir, Monsieur.

Martine parle dans son micro.

Martine Doucet,
reportage troisième :
je viens de terminer le stand
des salons, des fauteuils,
style classique, et je viens
d'arriver dans le stand
des salons modernes.

Au stand des meubles de cuisine

2e exposant : Voilà toute la gamme des éléments de cuisine, bois, plastique...

Martine : Et... où sont vos usines ?

2e exposant : Tenez : une à Blois, une autre à Evreux et la direction est à Lyon.

Martine : Vous exportez ?

2e exposant : Beaucoup. En Allemagne, en Italie, en Belgique essentiellement.

Martine : Très bien, merci, et bonne chance !

2e exposant : Au revoir !

Martine : Au revoir !

Martine s'assied.

Un jeune homme : Mademoiselle ?

Martine : Non, non, rien, merci.

Martine se lève.

Un ouvrier : Écartez-vous, s'il vous plaît !

Martine veut téléphoner dans une cabine publique.

Martine : Je suis journaliste à *Lyon-Matin !*

Une personne qui attend : Faites la queue comme tout le monde, Mademoiselle !

Un ouvrier : Coupé !
Encore une fois !
C'est pas possible !
Mais qu'est-ce qu'il a, cet appareil ?
Ah ! Enfin, ça marche.

Un étranger : Please !

Martine : Attendez,
Le 7, c'est le numéro de Lyon.
Faites seulement 826 13 53.
Pas le 7 !

L'étranger : O.K.

Martine : Allô... Maman ?
Vous allez bien ?
Papa aussi ?
C'est bien d'accord, notre cousin arrive de Montréal vendredi.
Oui, le 24. Entendu, je viens au train de huit heures et demie.
Mais oui, vingt heures trente, Maman. A bientôt. Je vous embrasse tous les deux,
au revoir !

Au restaurant de la foire

Martine : Ouf ! J'ai faim ! Garçon !
Un steak frites et une eau minérale,
s'il vous plaît.

ÉMISSION 3 — UNE JOURNÉE DIFFICILE POUR MARTINE

DEUXIÈME PARTIE

Au restaurant, Martine ne trouve pas sa chaussure.

Martine : Si c'est une blague... Oh !
Toi, mon petit vieux,
tu vas voir... Tu vas me le payer !

Martine tombe.

Un ouvrier : Ça va ?

Martine : Oui, oui. Et en plus, c'est la droite,
celle qui me fait mal.

Martine téléphone à Laurent.

Martine : 〈 Allô *Lyon-Matin*,
poste 205, s'il vous plaît...
Ah, c'est toi, Laurent ?...
Tu peux venir me chercher ?...
A l'exposition, l'entrée principale...
Je t'attends... 〉

Martine monte dans la voiture de Laurent.

Martine : Quelle journée !

Laurent : Détends-toi !
On va jouer au tennis.

Martine : D'accord...
mais on passe d'abord par mon
hôtel...

Bernard demande son chemin à un agent de police.

Bernard : 〈 S'il vous plaît ! La rue
du Vallon, c'est loin ?

L'agent : La rue du Vallon ?
Attendez. Ah, je vois. Bon.
Au troisième feu, là-bas,
vous prenez l'avenue à gauche
et c'est la deuxième à droite.

Bernard : Bon, alors, au troisième feu,
je prends l'avenue à gauche
et la deuxième rue à droite.
C'est ça ? Merci ! 〉

L'agent : Allez-y.

Au tennis...

Laurent (à Martine) : Tu es jolie comme ça.

Bernard : Laurent...
Martine est toujours jolie !

Martine : Nous avons le court numéro 4.

avec Sophie et Patricia !

Sophie : 〈 Bernard ! Alors, le travail ?

Patricia : Vous n'êtes plus débordés !

Bernard : Ben, il faut bien se détendre un
peu !

Martine : Et moi, on ne me présente pas ?

Laurent : Si. Martine... Sophie et Patricia.

Sophie : Salut Martine...
Tu viens jouer avec nous ?

Martine : Avec plaisir...

Laurent/ Bernard : Et nous ?

Patricia : Vous ? Vous nous attendez !

Laurent : Certains jours,
je ne comprends rien aux
femmes.

Bernard : Eh non ! 〉

AVEZ-VOUS BIEN SUIVI L'HISTOIRE ?

1 Mettez les événements dans le bon ordre.

a. Vous produisez quoi, Monsieur ?

b. Toi, mon petit vieux, tu vas voir...

c. De mauvaises nouvelles ?

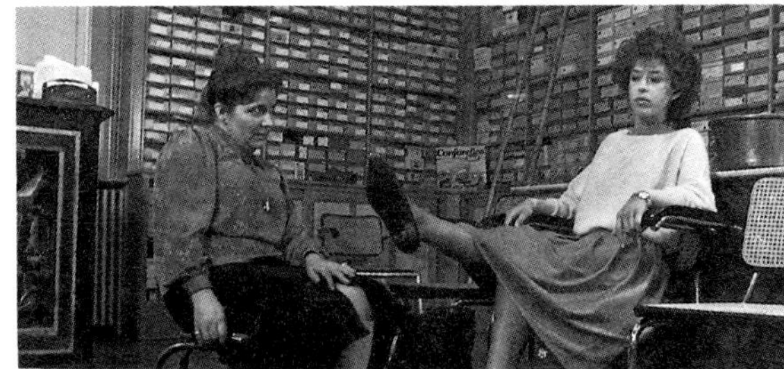

d. Et celles-ci, elles font mal ?

2 La journée de Martine est difficile

a. parce que l'exposition ouvre demain.
b. parce qu'elle téléphone à ses parents.
c. parce qu'elle a beaucoup de problèmes.

3 Martine va à l'exposition pour

a. acheter des meubles.
b. faire un reportage pour *Lyon-Matin*.
c. manger un steak frites.

4 Vous êtes à Lyon ; pour téléphoner dans Lyon, vous faites

a. d'abord le 16, puis le numéro de votre correspondant.
b. seulement le numéro de votre correspondant.

5 Pour demander votre chemin, vous dites :

a. Où est la rue (du Vallon), s'il vous plaît ?
b. Tu peux venir me chercher ?

6 Qu'est-ce qu'ils disent ?

ÇA PEUT VOUS ÊTRE UTILE...

au téléphone

Pour téléphoner en France, il faut une pièce de monnaie ou une carte, et un appareil.

Je décroche, je mets une pièce ici.
J'attends la tonalité. Écoutez :
– *(tonalité ~)*.
Maintenant, je compose le numéro.
– *(tonalité ~)*.
Cette sonnerie veut dire « Occupé ».
La ligne n'est pas libre. Tant pis.

J'appelle Elisabeth Berthier à Lausanne.
Maintenant c'est le 19, l'international.
J'attends la deuxième tonalité. Écoutez :
– *(tonalité ~)*.

Puis je fais le 41 pour la Suisse,
le 21 pour Lausanne et le numéro d'Elisabeth.
Écoutez, ça sonne : – *(tonalité)*.

■ Allô... Elisabeth ?
Elle n'est pas là ?
Non, non ! Cet après-midi, d'accord.
● C'est encore long ?
■ Au revoir, Madame.
Ça y est.
C'est à vous.
Vous voulez de la monnaie ?
● Non, merci, je ne téléphone pas.
■ Mais qu'est-ce que vous faites là, alors ?
● Regardez le ciel !
■ Et alors ?
● La pluie...
■ Mais il ne pleut pas !
● Il va pleuvoir...
Au revoir, Madame.

EXPRESSIONS UTILES

Allô, c'est bien le 42 34 45 56 ?
Allô, c'est toi, Françoise ?

Allô, oui ?
Oui, c'est moi.
Désolé(e), c'est une erreur.
Vous vous trompez de numéro.

Allô, monsieur Durand, s'il vous plaît ?

Attendez un instant.
Ne quittez pas, je l'appelle.

Monsieur Durand est là, s'il vous plaît ?

Non, il n'est pas là.

Merci de votre appel.

étranger

comment obtenir votre correspondant

décrochez → tonalité → 19 → tonalité → indicatif du pays (voir p. 20) → ••• → ••• •• •• numéro demandé

attention

- Si votre correspondant à l'étranger vous a indiqué son numéro d'appel précédé d'un 0, ne composez pas ce 0, exclusivement valable pour les communications entre les abonnés du pays concerné.

Exemple : pour obtenir l'abonné ...
composez 19 puis ...

- Après avoir com...

POUR TELEPHONER DE PROVINCE EN PROVINCE.

Vous ferez le numéro à 8 chiffres sans faire le 16.
Par exemple : 38 41 21 00

POUR TELEPHONER DE PARIS/ILE-DE-FRANCE VERS LA PROVINCE.

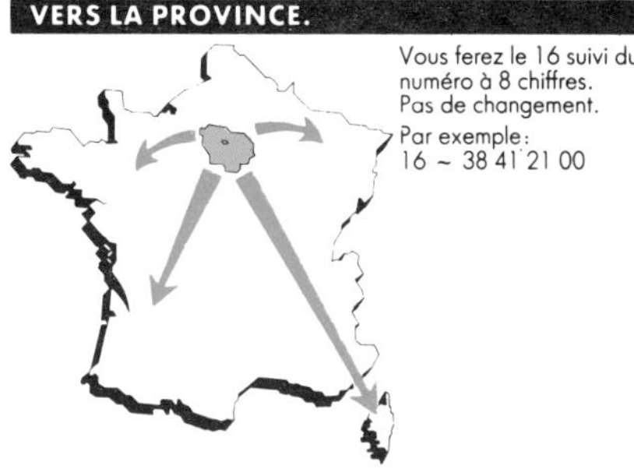

Vous ferez le 16 suivi du numéro à 8 chiffres.
Pas de changement.
Par exemple :
16 ~ 38 41 21 00

POUR TELEPHONER DE PROVINCE VERS PARIS/ILE-DE-FRANCE.

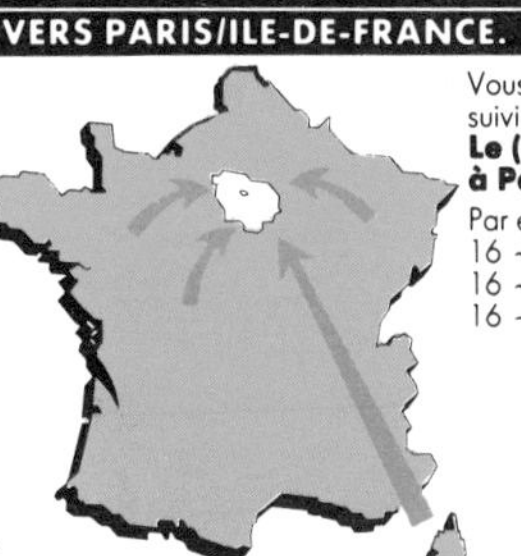

Vous ferez le 16, puis le (1) suivi du numéro à 8 chiffres.
Le (1) est le code d'accès à Paris/Ile-de-France.
Par exemple :
16 ~ (1) 45 64 22 22
16 ~ (1) 39 51 95 36
16 ~ (1) 60 63 39 72

POUR TELEPHONER A L'INTERIEUR DE PARIS/ILE-DE-FRANCE.

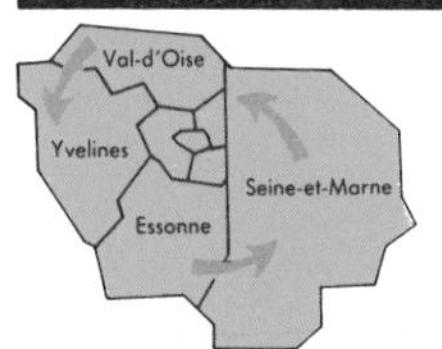

Vous ferez le numéro à 8 chiffres.
Par exemple :
45 64 22 22
39 51 95 36
60 63 39 72

OPUS

* à partir de 23 h.

DERACHE Alexis	[illegible]
DESAILLY Pierre	64. 82. 16. 40
DESHAYES Joseph	64. 60. 30. 60
DESPREZ François	64. 30. 31. 63
DESPREZ Antoinette	64. 79. 42. 46
DEVOOGT Léon	64. 47. 63. 73
DIALEK Françoise	64. 46. 73. 29
DJORDJIAN René	64. 37. 40. 12
DRAPIER Georges	64. 29. 29. 29
DUBOIS Marcel	64. 20. 12. 14
DUFAYET Pierre	64. 21. 90. 16
DUFORT Jean	64. 19. 93. 36
DUGRELOT Dominique	64. 16. 16. 78
DURAND Catherine	64. 14. 24. 83
DUVOIR Robert	64. 13. 18. 26
ECOLE PRIMAIRE	64. 12. 19. 17

► *À VOUS...*

1 Regardez cette page d'annuaire et posez des questions à votre partenaire.
Ex. : Quel est le numéro de M. Dufort ? – C'est le ...

2 Téléphonez à votre partenaire.
Vous : Allô ?
Ici, Paul Dufort :
C'est bien... ?
Votre partenaire : Allô, oui ?
Qui est à l'appareil ?
Continuez.

3 Vous voulez appeler un numéro dans votre pays. Qu'est-ce que vous faites ? Jouez la scène.

4 Vous êtes chez vous. Un visiteur français veut téléphoner chez lui. Vous lui expliquez ce qu'il faut faire...

ÉMISSION

3

POUR COMPRENDRE... ET POUR VOUS EXPRIMER

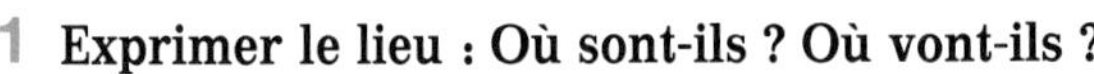

1 Exprimer le lieu : Où sont-ils ? Où vont-ils ?

Ses parents sont **à** Annecy.
Mes amies habitent **en** Suisse.
Son cousin est **au** Japon.

Demain, ils vont **à** Lyon.
Elles vont **en** Italie.
Il va **aux** États-Unis.

être	**à**	+ nom de ville
	en	+ nom de pays féminin
aller	**au**	+ nom de pays masculin

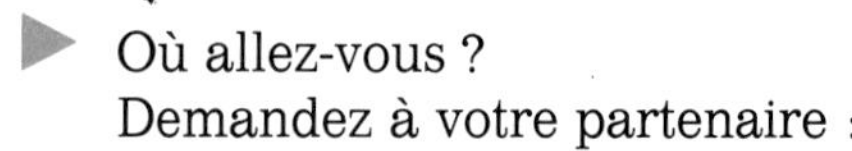

▶ Où allez-vous ?
Demandez à votre partenaire :

Je vais en Suisse et toi ?
Et vous ? – Moi, je vais...

▶ Vous travaillez à la Compagnie CFM.
Vous présentez votre compagnie à un visiteur.

Notre compagnie exporte en ...
Elle a des usines au ...

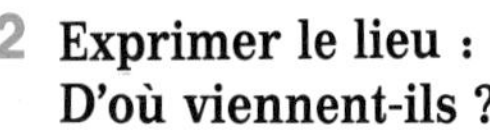

2 Exprimer le lieu : D'où viennent-ils ?

Ce timbre vient **de** Belgique.
C'est un timbre belge.

Cette dame vient **du** Canada.
Elle est canadienne.

Ces messieurs viennent **du** Japon.
Ils sont japonais.

venir	**de, d'**	+ nom de ville nom de pays féminin
	du	+ nom de pays masculin
	des	+ nom de pays au pluriel

Susan est américaine.
Elle vient des États-Unis.
Monsieur Titone est italien.
Il vient d'Italie.

▶ Et vous, d'où est-ce que vous venez ?

3

à + le = **au**	de + le = **du**
à + les = **aux**	de + les = **des**

Le Brésil. Il est **au** Brésil.
Le Japon. Il va **au** Japon.

ne **le** **de**	+	nom commençant par une voyelle	=	**n'** **l'** **d'**

▶ Regardez les tableaux et complétez.

a. Le cousin de Martine vient ... Canada.
Il va ... Annecy.
b. Mon amie arrive ... États-Unis.
Elle va ... Espagne.
c. Ces messieurs vont ... Japon.
Ils viennent ... Portugal.
d. Vous venez ... Italie ?
Oui, et je vais ... Brésil.

dimanche 4
lundi 5 : Exposition de meubles
mardi 6 : Annecy. Téléphoner
mercredi 7 : Aéroport pour cousin arrivée 10 h 30 Vol Air Canada 237
jeudi 8 : Théâtre
vendredi 9 : Article à écrire
samedi 10 : 7 h 30 : tennis

4 Interroger : QUAND ?

Mes amis arrivent | lundi. / le 20 avril. / le mois prochain.

Ils arrivent **QUAND ?**

QUAND est-ce qu'ils arrivent ?

▶ Que fait Martine cette semaine ?
Posez des questions.

– Elle doit ... quand ?
– Quand est-ce qu'elle doit... ?

5 Les pronoms compléments directs

LES CHAUSSURES, VOUS LES PRENEZ ?
JE LES PRENDS ...

> Un PRO-nom remplace un nom :
>
> Tu connais **Jean** ? – Je **le** connais.

(voir tableau des pronoms p. 161)

Le serveur, vous **le** connaissez ?

La photo, vous **la** voyez ?

Les chaussures, vous **les** prenez ?

Je suis à l'exposition. Viens **me** chercher.

Tu es en retard ? Bon, je **t'**attends.

Vous attendez ma lettre ?

C'est inutile, je **vous** vois demain.

▶ Complétez.

a. Ce monsieur, tu ... connais ?
b. Tu es là ? Je ne ... vois pas.
c. Cette photo, je ... mets sur le bureau.
d. Tu es à Paris ? Viens ... voir.
e. Ces chaussures vous font mal.
Ne ... achetez pas.

6 Interroger : QUOI ?

Martine mange un steak frites.

Elle mange **QUOI ?**

Qu'est-ce qu'elle mange ?

Laurent travaille à *Lyon-Matin*.

Il fait **QUOI** ?

Qu'est-ce qu'il fait ?

▶ Demandez à vos partenaires ce qu'ils font.

Ex. : Toi, Bernard, qu'est-ce que tu fais ?
– Je travaille à *Lyon-Matin*.
– Je suis photographe.
Vous, monsieur Duray, qu'est-ce que vous faites ?
– Je suis rédacteur en chef.

ÉMISSION **3**

APPRENEZ À ÉCOUTER ... ET À DIRE

1 Un son change... et le sens change.

masculin

le journaliste
un ami
Il est là.

féminin

la journaliste
une amie
Elle est là.

singulier

le chat
mon chien
Il habite Lyon.

pluriel

les chats
mes chiens
Ils habitent Lyon.

 ▸ Écoutez la cassette.

On parle d'un homme (H) ou d'une femme (F) ?

a. Elle habite Lyon.
b. C'est la stagiaire.
c. Voilà sa cousine.
d. C'est un journaliste.

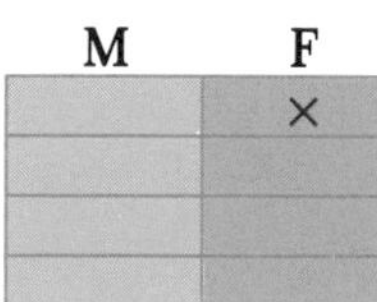

M	F
	×

On parle d'une ou de plusieurs personnes ?

e. Mes cousins habitent Annecy.
f. Elles arrivent.
g. Voilà le serveur.
h. Tes amis arrivent.

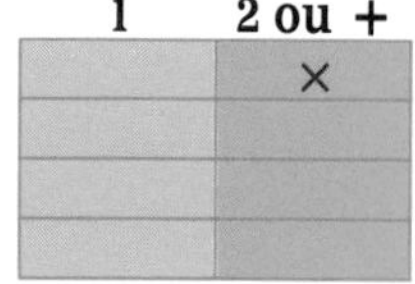

1	2 ou +
	×

2 A la fin des mots, ne prononcez pas :

certaines consonnes : gran(d) - peti(t) - mauvai(s) - je pren(ds) - troi(s) - cha(ts)
la lettre e : Ell(e) habit(e) un(e) petit(e) vill(e). Dans ce cas, on entend la consonne finale.

Comparez ces adjectifs.

au masculin	au féminin
charman(t)	charmant(e)
gran(d)	grand(e)
peti(t)	petit(e)
mauvai(s)	mauvais(e)
blan(c)	blanch(e)
premie(r) | premièr(e) |

 ▸ Écoutez la cassette.

Est-ce que l'adjectif est au masculin (M) ou au féminin (F) ?

Ex. : blanche
a. intéressante
b. dernière
c. excellent
d. content
e. française

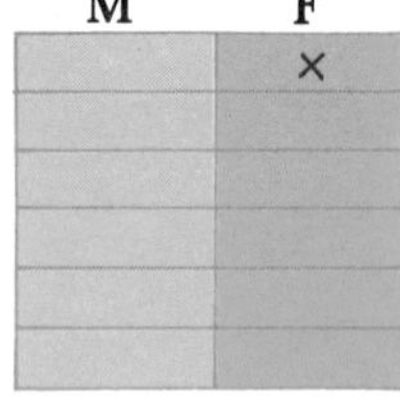

M	F
	×

3 L'intonation change... et le sens change.

Quelle journée !

Martine a une journée difficile.
Elle est triste, découragée.

Quelle journée !

Martine est contente de sa journée.

3

4

MONSIEUR DURAY DONNE SON AVIS

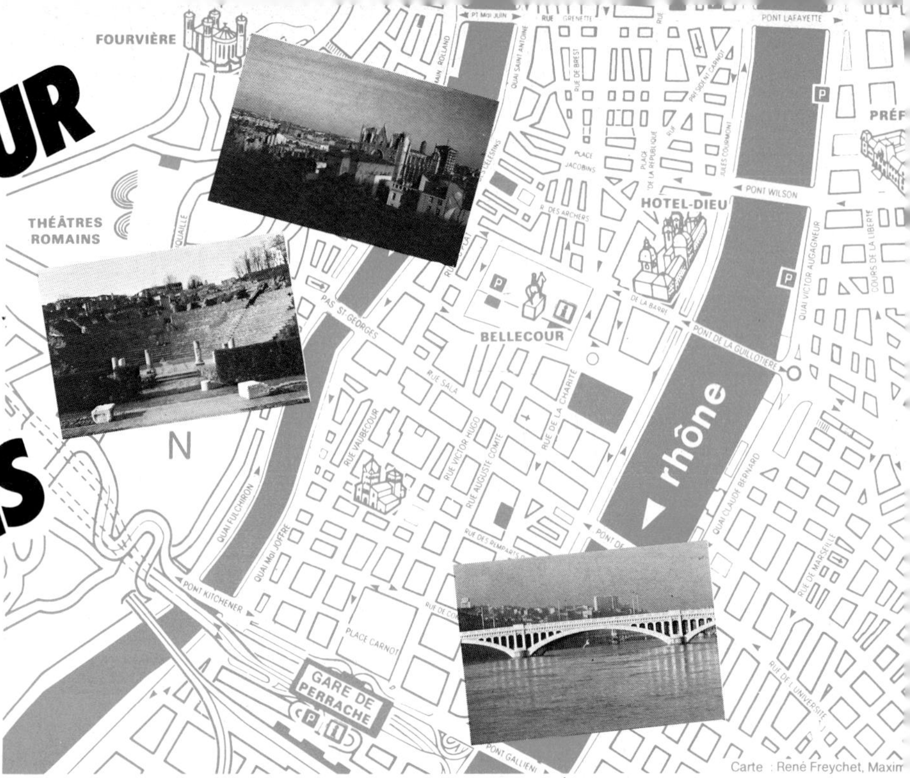

Carte : René Freychet, Maxim

OBJECTIFS

Découvrir

- **des lieux :** des quartiers de Lyon, les quais de la Saône, le Centre Commercial de la Part-Dieu, le métro de Lyon...
- **des gens :** un agent de police peu commode

Apprendre

- **à donner son opinion**
- **à faire des reproches, des compliments**
- **à demander à qui est un objet**
- **à donner son identité**

et pour cela, utiliser

– les pronoms *moi, toi, lui, elle...*

– *on,* pronom sujet

– l'interrogatif *à qui ?*

– *à* + nom/pronom

– *pouvoir, vouloir, devoir* au présent

– les adjectifs après le nom

– *Quel* + adjectif + nom

- **à demander des renseignements dans le métro**

COMMENT TRAVAILLER...

1 Avant de regarder le film, étudiez le tableau ci-dessous.

les lieux	l'action	Posez-vous des questions.
1 dans le bureau de M. Duray	1	Monsieur Duray n'est pas content. Pourquoi ?
2 - 3 dans la rue	2	Deux voitures ! A qui est la petite ?
	3	Qu'est-ce que Martine montre à l'agent ?

2 Vous pouvez aussi regarder le résumé photographique de la page 55 et essayer d'imaginer l'histoire.

3 Regardez le film. Répondez aux questions du tableau.
Observez comment on fait des reproches et des compliments...

4 Avez-vous bien suivi l'histoire ? Répondez aux questions page 49.
Si vous ne savez pas répondre à toutes les questions, vous pouvez :
- regarder le film une deuxième fois,
- lire le texte du dialogue, pages 46 à 48,
- étudier les pages de grammaire pages 52 et 53,
- écouter la cassette en lisant le texte du dialogue...

Faites la partie A, « Observez le film et vous comprendrez » des exercices du Cahier.

5 Écoutez la cassette et apprenez des parties du dialogue.

6 Étudiez les pages 46 à 54 de votre livre.
Faites les parties B et C des exercices du Cahier.

7 Est-ce que vous comprenez plus facilement maintenant ?
Est-ce que vous pouvez demander à qui est un objet, poser des questions sur l'identité de quelqu'un ?

ÉMISSION 4

MONSIEUR DURAY DONNE SON AVIS

Martine, Bernard et Laurent sont dans leur bureau. Monsieur Duray veut les voir... Est-ce une nouvelle journée difficile pour eux ?

PREMIÈRE PARTIE

Dans le bureau de Bernard et Laurent

La secrétaire : Je peux vous déranger...

Bernard : Évidemment.

La secrétaire : Monsieur Duray vous attend, tout de suite et tous les trois.

Bernard : Qu'est-ce qu'il nous veut, le patron ?

Bernard (à Laurent) : Frappe !
Tu es le préféré !

M. Duray : Entrez !

Dans le bureau de monsieur Duray

Les trois : ⟨Bonjour, Monsieur !

M. Duray : Laurent Nicot, votre page sur les élections est très réussie.
Mise en pages,
texte,
schémas,
c'est très bien !
Mademoiselle Doucet,
votre article
sur l'exposition... pas excellent.
Travers... Vous faites des photos remarquables de mademoiselle Doucet... Maintenant, regardez bien cette page...

Bernard : Vous avez raison.
Ces photos sont mal cadrées et je dois dire que l'éclairage n'est pas très bon...

M. Duray : Attention. Attention...
Beaucoup de gens veulent faire du journalisme !

(à Bernard et Martine) : Je vous revois dans huit jours. ⟩

(à Laurent) : Laurent, restez une seconde avec moi.

4

Dans le bureau de Bernard et Laurent

Bernard : Alors, Duray te nomme rédacteur en chef adjoint ?

Laurent : Oh, arrête !
On discute deux minutes ?
Tous les ans en septembre, *Lyon-Matin* organise un grand concours.
Les lecteurs doivent répondre à une série de questions.
Voilà le concours de l'an dernier.
Un sujet sur la gastronomie de Lyon et du Sud-Est.

Bernard : Et cette année ?

Laurent : Monsieur Duray nous demande de trouver des idées.

Martine : On cherche ensemble ?

Laurent : Non. Duray veut trois idées différentes.

Martine : Ça me plaît.

Bernard : A moi aussi.

Laurent : Bon, vous voyez...
Duray nous aime bien !

Bernard : Toi, oui.
Nous, c'est moins sûr.

Laurent : Allez... Au travail, maintenant.

Martine, Bernard et Laurent roulent en voiture dans Lyon. Ils cherchent des idées pour le concours.

En sortant du grand centre moderne de La Part-Dieu, ils cherchent leur voiture dans le parking.

Martine : Vous savez où est la voiture ?

Laurent : La voilà !

Ils roulent.

Bernard : Elle fait des bruits curieux !

Ils s'arrêtent et descendent de voiture. Ils tirent une petite voiture !

Laurent : Eh, Bernard. Elle est à toi ?

Et Bernard voit un képi d'agent de police sur le siège !

Bernard : Et en plus, elle est à un flic !
On la laisse là ?

Martine : Non. Il faut la ramener.

LYON MATIN
MAGAZINE
LYON MATIN
Happy Radio
La bonne fréquence à Lyon
96.5 MHZ
Hobby
L'art de mettre les voiles
Ouverture du congrès
La fibre de la cr
couci - cu
Le « Cobra 10-85 » par les chiffres
Entièrement démontable
René LAMBERT
Super Bingo
Démarrage au quart

Martine, Laurent et Bernard s'arrêtent à un feu rouge.

L'agent : Attendez une minute...

Martine : Elle est... Elle est très jolie !

Bernard : Elle est très attachante.

Laurent : Elle est à vous ?

Bernard : Je n'aime pas la tête de ce flic.
Et en plus, je n'ai pas mes papiers.

L'agent : ⟨ Vos papiers, s'il vous plaît ?

Bernard : Ils sont sur mon bureau.

L'agent : Pas de papiers, hein ?

Bernard : Si. Si vous voulez...
je peux aller les chercher.

L'agent : Pas question !
Vous restez ici.

Bernard : Martine, sois gentille, vas-y...
C'est la ligne trois du métro...
Tu en as pour un quart d'heure maximum...

Martine (à l'agent) : Je peux ?

L'agent : Oui, ...mais dépêchez-vous ! ⟩

Martine va chercher les papiers. Pendant ce temps...

L'agent : ⟨ Bon, en attendant, nom, prénom.

Bernard : Travers Bernard.

L'agent : Adresse ?

Bernard : 132, quai Lassagne.

L'agent : Profession ?

Bernard : Photographe.

L'agent : Employeur ?

Bernard : *Lyon-Matin.*

L'agent : Et cette voiture est à vous ?

Bernard : Non, elle est au journal...

L'agent : Et celle-là ?

Bernard : Je ne sais pas.

L'agent : Ah ! Vous ne savez pas.
Tentative de vol de voiture !

Laurent : Nous, des voleurs !

L'agent : Et la voiture d'un collègue en plus !
Et vous n'avez pas de papiers !

Bernard : Attendez... Ils arrivent...

Martine arrive en courant, hors d'haleine.

Martine : J'arrive trop tard ?

L'agent : Non ! Grâce à vous,
pas de commissariat !
Mais ça va quand même vous
coûter six cents francs,
pour stationnement interdit. ⟩

Bernard : Mais...

L'agent : Pour stationnement interdit.

Les trois amis repartent en voiture.

Laurent : Bon, on n'en parle plus.
On va prendre un pot chez moi.

Bernard : Bof...

Martine : Allez, ne fais pas cette tête-là !

Dans l'escalier de l'immeuble de Laurent

Laurent : Mes clefs ! Mes clefs sont sur
mon bureau, au journal !

Laurent/ Bernard : Martine... au journal !

Martine : Ah non ! non... non... non... non...
Pas moi... Pas question ! Non...
Non...

AVEZ-VOUS BIEN SUIVI L'HISTOIRE ?

1 Mettez les événements dans le bon ordre.

a. Oui... mais dépêchez-vous !
b. Votre page sur les élections est très réussie.
c. Vous savez où est la voiture ?
d. Qu'est-ce qu'il nous veut, le patron ?

2 Monsieur Duray demande aux trois amis

a. un article sur le concours de l'année dernière.
b. une seule idée pour le concours.
c. trois idées différentes.

3 Vous félicitez quelqu'un pour son travail. Vous dites :

a. Vous avez raison.
b. Ce n'est pas très bon.
c. C'est excellent.

4 Qu'est-ce que ça veut dire ?

A la fin de l'émission, Laurent dit :
« On va prendre un pot chez moi. »
Bernard répond : « Bof ! »

Cela veut dire :

a. Oui, d'accord. Avec plaisir.
b. Non, merci. Je ne veux pas.
c. Si tu veux, mais ça m'est égal.

5 Vrai ou faux ?

a. Monsieur Duray nomme Laurent rédacteur en chef adjoint.
b. Laurent parle du concours à ses amis.
c. L'agent demande ses papiers à Bernard.
d. Martine va chercher les papiers de Bernard en métro.
e. La petite voiture est à Bernard.

6 Qu'est-ce qu'ils disent ?

ÇA PEUT VOUS ÊTRE UTILE...

dans le métro

Dans le métro de Lyon, une jeune fille demande un renseignement à un monsieur.

■ Pardon, Monsieur, pour aller à Perrache... ?
● Vous prenez un ticket ici.

Le monsieur montre l'appareil.

● Vous appuyez, plein tarif, et vous voyez ce que vous avez à payer.
De toute façon, cet appareil rend la monnaie.
■ Oui, mais nous sommes deux.
● Vous prenez deux tickets.
Mais, comment... vous êtes deux ?
■ Regardez.

Elle montre un petit chien dans un panier.

● Un chien ! Combien coûte un ticket pour chien, ça, je ne sais pas.

Le monsieur lit le règlement.

● Oh, regardez : « Les chiens ne sont pas admis. »
■ Qu'est-ce que je dois faire alors ?
Il y a un bus pour aller à Perrache ?
● Oui, il y a un bus, je pense.
Mais les chiens ne sont pas admis non plus.
■ Alors... que faire ?
● Les chiens, chez nous, ça se promène à pied...
ou en taxi...
Mais par ce temps de chien, hein...
■ Temps de chien... vous l'avez dit, hein.
Ah ! Merci quand même...

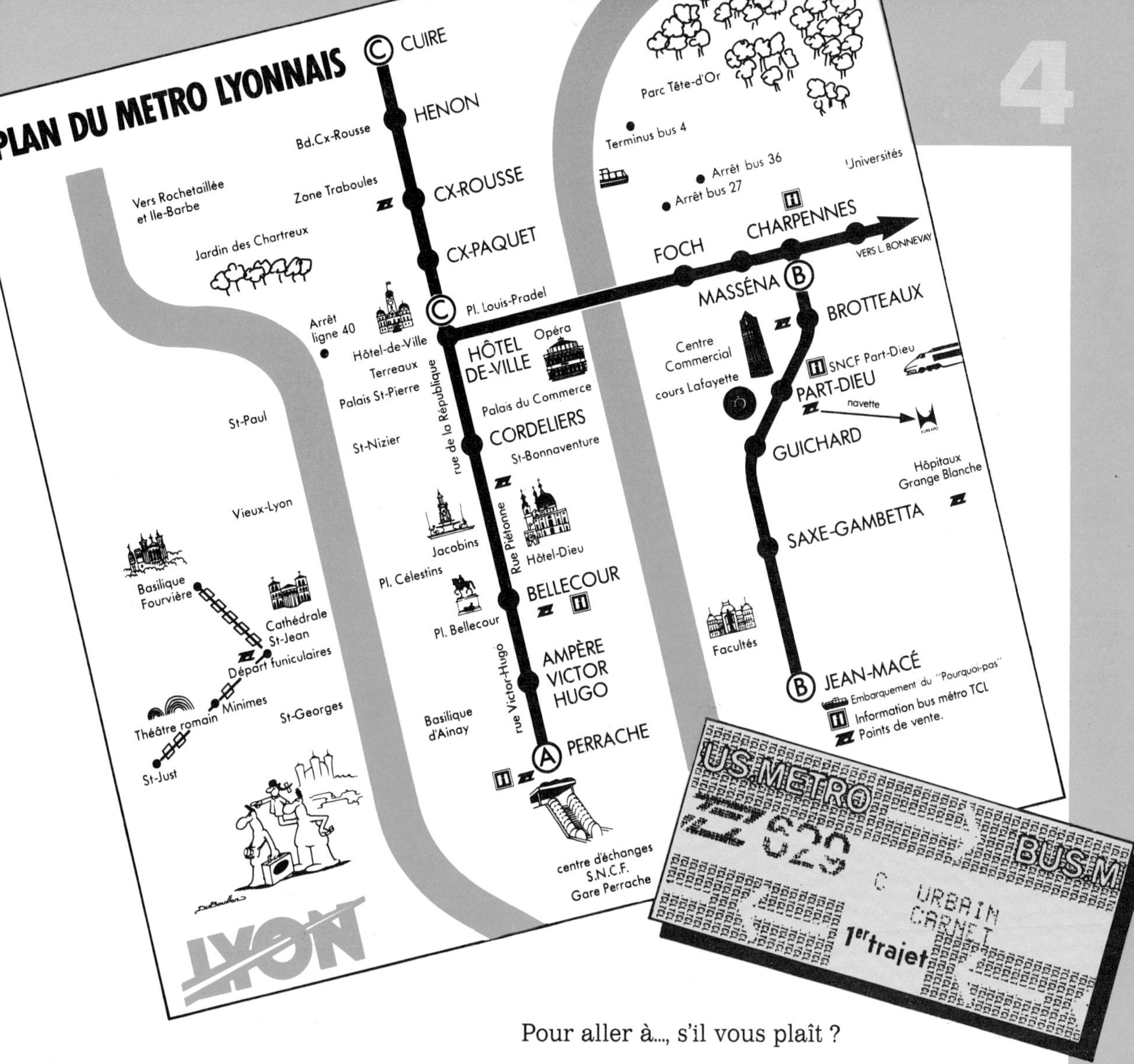

Pour aller à..., s'il vous plaît ?

Prenez la direction...

Il faut changer ? Où ?
Où / À quelle station faut-il descendre ?

A Bellecour.

EXPRESSIONS UTILES

Il y a une station de métro près d'ici ?
Où est la station de métro ?

Oui, sur la place.
au coin de la rue.
là-bas, tout droit.

Un ticket / Un carnet, s'il vous plaît.
C'est combien ?

En première ou en seconde ?

Où est la sortie, s'il vous plaît ?
La correspondance pour..., c'est où ?

Là-bas.
Au bout du quai.
Descendez / Montez cet escalier.
Sur le quai.

▶ **À VOUS... 1** Vous êtes à la station Perrache.
Vous voulez aller à...
Où faut-il changer ?
Posez des questions à votre partenaire.

2 Jouez au voyageur et à l'employé.
Achetez un billet / un carnet.
Demandez des renseignements.

POUR COMPRENDRE ET POUR VOUS EXPRIMER

1 Exprimer la possession

Bernard a une voiture. (**a** de avoir)
Cette voiture est à lui. (**à** préposition)

Cette voiture est à qui ?

▶ A qui est-ce ?

2 Les pronoms

formes faibles

me, te, le, la, les

Je ne veux pas **vous** déranger.
Il **te** nomme rédacteur.

formes fortes

moi, toi, lui, elle, eux

Elle est **à toi ?** (après préposition)
– Duray nous aime bien.
– **Toi,** oui. **Nous,** c'est pas sûr. (pour insister)

▶ Complétez.

a. Toi, tu pars, mais... je reste.
b. Elle, elle sort beaucoup, mais..., il n'aime pas sortir.
c. ..., nous partons ce soir.
d. ..., ils vont à l'hôtel.

(voir tableau des pronoms p. 161)

3 « On », pronom sujet

On (toujours sujet) = **nous** → On cherche ensemble.
= **les gens** → On dit que Bernard a une nouvelle voiture.

▶ Dites ce que vous voulez faire.

Ex. : On fait des photos ?

1. ... 2. ... 3. ...

▶ Dites ce que les gens pensent.

Ex. : On dit que Duray est un bon rédacteur en chef.

1. ... 2. ... 3. ...

4 Les verbes pouvoir, vouloir, devoir

Présent de l'indicatif :

Je PEU x,	tu peu x,	il peu t,	nous POUV ons,	vous pouv ez,	ils PEUV ent
Je VEU x,	tu veu x,	il veu t,	nous VOUL ons,	vous voul ez,	ils VEUL ent
Je DOI s,	tu doi s,	il doi t,	nous DEV ons,	vous dev ez,	ils DOIV ent

+ nom

Nous voulons **une voiture.**
Ils me doivent **cent francs.**

+ infinitif

Elles veulent **venir.**
Vous devez **partir.**
Il peut **prendre** des photos.

5 La place des adjectifs

un article **excellent**
des photos **remarquables**
la voiture **bleue**

L'adjectif se place en général après le nom.

⚠ Quelques adjectifs peuvent aussi se placer avant le nom.

grand/petit bon/mauvais
beau/joli premier/deuxième...

Ex. : une **belle** voiture rouge

▶ Donnez votre opinion.

Ex. : L'hôtel est bon.
→ C'est un bon hôtel.
L'hôtel est confortable.
→ C'est un hôtel confortable.

a. La chambre est petite.
b. La voiture est jaune.
c. L'éclairage est mauvais.
d. La page est réussie.

6 Donner son opinion

– Quel, exclamatif
(quelle/quels/quelles)

Quelles belles photos !
Quelle soirée charmante !

– assez – très

Cette page est assez réussie.
Cette mise en pages est très bonne.

▶ Votre opinion est très favorable.

Ex. : l'article de Martine
→ Quel bon article !

a. les photos de Bernard
b. la page du journal
c. l'idée de Martine
d. la voiture de l'agent

7 Insister sur ce qui est important

Le patron n'est pas content. → **Il** n'est pas content, **le patron.**
La mise en pages est excellente. → **La mise en pages, elle** est excellente.
Je suis content. → **Moi, je** suis content !
ou : **Je** suis content, **moi.**

▶ Insistez.

Ex. : Monsieur Duray vous attend.
→ Il vous attend, monsieur Duray.

a. Cet article n'est pas excellent.
b. Cet éclairage est mauvais.
c. Cette ville est très grande.
d. Cette voiture fait des bruits curieux.

APPRENEZ À ÉCOUTER ... ET À DIRE

Les voyelles françaises

1 Écoutez.

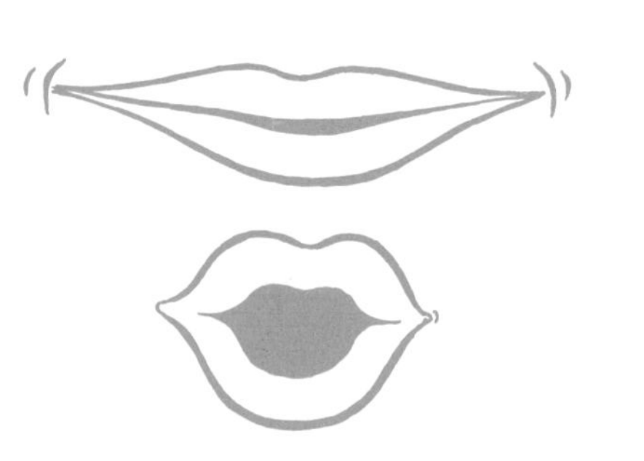

i si — e préféré — ɛ mettre — a papa

u bout — y sur — o beau — ø heureux
ɔ votre — œ seul

► Écoutez et répétez.

a. peux
b. est
c. vous
d. mise
e. votre
f. faites
g. veulent
h. on
i. au
j. page

► Écoutez et répétez les groupes de mots suivants.

a. le préféré
b. un mauvais éclairage
c. faire du journalisme
d. le concours de l'an dernier
e. trois idées différentes

2 Attention aux voyelles nasales (ɛ̃, ɔ̃, ɑ̃) !

ɛ̃ vin, pain, un, impossible, faim, parfum

ɔ̃ bon, bombe

ɑ̃ chanson, pampa, en

⚠ Ne confondez pas : beau/bon – chat/chant
américain/américaine – il vient/ils viennent

► Écoutez et cochez (×) la case du mot que vous entendez.

Ex. : pot ☐ ou pont ☒

a. beau ☐ ou bon ☐
b. très ☐ ou train ☐
c. chat ☐ ou chant ☐

d. plaît ☐ ou plein ☐
e. faut ☐ ou font ☐
f. faites ☐ ou feinte ☐

g. mode ☐ ou monde ☐
h. papa ☐ ou pampa ☐
i. para ☐ ou parents ☐

4

ÉMISSION **5**

OBJECTIFS

Découvrir

- **des lieux :** trois cafés différents
- **des gens :** les « habitués » des cafés et les garçons, des jeunes

Apprendre

- **à commander des consommations dans un café**
- **à dire ce qu'on aime, ce qu'on n'aime pas, ce qu'on veut**
- **à demander une permission**
- **à exprimer des opinions**

et pour cela, utiliser

- les démonstratifs : *ce, cet, cette, ces, ça*
- les articles partitifs : *du, de la, de l'*
- les expressions de quantité
- les pronoms personnels compléments indirects : *me, te, lui, nous, vous, leur* et *moi, toi*

COMMENT TRAVAILLER...

1 Avant de regarder le film, étudiez le résumé photographique, page 67 et le tableau ci-dessous,
et, si vous le voulez, parcourez le texte du dialogue, pages 58 à 60.
Essayez d'imaginer l'histoire ; faites des hypothèses.

les lieux	l'action	Posez-vous des questions.
1 au café	1	Que fait Martine ?
2 dans une cabine téléphonique	2	Que veut la femme ?
3 dans le bureau de M. Duray	3	Bernard parle au Comité de rédaction du journal. Pourquoi ?
4 dans le bureau de M. Duray	4	On félicite Martine. Pourquoi ?

2 Regardez le film. Répondez aux questions du tableau.
Observez comment on commande une consommation dans un café.

3 Avez-vous bien suivi l'histoire ? Répondez aux questions, page 61.
Si vous ne savez pas répondre à toutes les questions, vous pouvez :
- regarder le film une deuxième fois,
- étudier le texte du dialogue, pages 58 à 60,
- étudier les pages de grammaire (pages 64 et 65), et faire les exercices proposés,
- écouter la cassette en étudiant le dialogue,

et apprendre certains passages...
Faites la partie A, « Observez le film et vous comprendrez », des exercices du Cahier.

4 Étudiez les pages 58 à 66 de votre livre.
Faites les parties B et C des exercices du Cahier.
N'oubliez pas de vérifier vos réponses à tous les exercices marqués du signe

5 Est-ce que vous comprenez le film plus facilement maintenant ?
Qu'est-ce que vous êtes capable de dire ?

QUE LE MEILLEUR GAGNE !

Martine, Bernard et Laurent cherchent des idées pour le concours de "Lyon-Matin". Aujourd'hui, ils doivent présenter leurs projets devant le comité de rédaction.

Ils vont préparer leur travail chacun dans un café différent.

PREMIÈRE PARTIE

Il y a trois cafés dans la rue.

Laurent : Il est huit heures moins le quart. On travaille jusqu'à midi.

Bernard : Chacun dans un café différent.

Martine : Je choisis ce café.

Laurent : Moi, je choisis celui-là.

Bernard : Bon... ben je n'ai pas le choix.

Au café

Une jeune fille : Bonjour.

Un jeune homme : Salut.

Bernard : Salut.
Euh... je vais prendre un jus d'orange.

Le serveur : Un jus d'orange, un !

Dans un autre café

Le serveur : Vous désirez ?

Martine : Euh... Un sandwich au jambon et un café s'il vous plaît.
Oh, attendez !
Avec du beurre sur le pain,...

Le serveur : ... et du lait avec le café...

Martine : Oui, s'il vous plaît...
Vous posez ça là..., merci... il me faut du calme pour travailler.

Un musicien entre dans le café de Martine et joue de la guitare.

Martine (au serveur) : Garçon ! Faites-le partir !
C'est insupportable !
Mais donnez-lui dix francs !

Le serveur : Dix francs ? Pourquoi moi ?

Le guitariste est maintenant dans le café de Laurent. Laurent a un casque sur les oreilles et il n'entend pas la question du garçon.

Le serveur : ⟨Qu'est-ce que vous prenez ?
Qu'est-ce que vous prenez ?
QU'EST-CE QUE VOUS PRENEZ ?

Laurent : Donnez-moi du café avec des croissants...

Le serveur : Merci.

Laurent : Attendez, je vais plutôt prendre un grand chocolat. ⟩

Le serveur : D'accord.

Bernard essaie, lui aussi, de travailler.

Une jeune fille : Salut, Bernard.

Une autre : Ça va, Bernard ?

1re jeune fille : Tu es en forme aujourd'hui ?

2e jeune fille : Tu nous emmènes au cinéma ?

1re jeune fille : Un café-crème !

2e jeune fille (à Bernard) : Tu m'offres un pot ?

Bernard : D'accord.
Alors, un café-crème et...

2e jeune fille : Et un café noir !

1re jeune fille : Je n'aime pas vos croissants.
Il y a des brioches ?

Le serveur : Non, vous voulez des tartines ?

1re jeune fille : Oui, avec un coca.

Bernard se lève.

2e jeune fille : On vient avec toi ?

Bernard : Ah non ! Surtout pas !

Bernard : ⟨Je peux aller travailler dans la cabine du téléphone ?

Le patron : Si vous voulez ! ⟩

Bernard va travailler dans la cabine du téléphone. Une femme pousse la porte.

Bernard : ⟨Vous ne pouvez pas frapper avant d'entrer ?

La jeune femme : Vous vous moquez de moi ?
Sortez, s'il vous plaît.
Je veux téléphoner. ⟩

Martine, Bernard et Laurent dans leur bureau au journal

Laurent : Je suis énervé.
JE SUIS ÉNERVÉ.
Mon café ne passe pas.

Bernard : Casanova accueille le secrétaire général.
Le directeur commercial entre dans son bureau et referme la porte.
Attention ! Voilà Ginette !

La secrétaire : On vous attend...

Bernard : Il faut y aller.

Martine, Bernard et Laurent sont devant le Comité de rédaction de *Lyon-Matin*. Ils exposent leurs projets.

M. Duray : Vous voulez commencer, mademoiselle Doucet...

Martine : Mon sujet est économique. Dans l'Europe actuelle, Lyon a un grand rôle à jouer. Notre concours a une fonction importante : montrer que Lyon est déjà une ville européenne. Elle possède des équipements, des universités, des services de premier plan...

M. Duray : Très bonne idée. Excellent.

Bernard : Lyon, ville touristique, voilà mon sujet. Le concours consiste à classer des aspects de Lyon. Beaucoup de photos, peu de texte. Priorité aux images !

M. Duray (à Bernard) : Ça peut être très bien aussi.

(à Laurent) : Ah... quand vous voulez, Laurent...

Laurent : Bien, Monsieur. Je commence. Qui connaît le musée Gallo-Romain ? Il contient une magnifique table claudienne unique en France.

M. Duray : Oui, alors avec vous, c'est la vie culturelle à Lyon ?

Laurent : Absolument. Tenez, un exemple : les soieries de la Révolution sont au musée du Tissage.

M. Duray : Oui, oui, ça peut intéresser.

Laurent : Et bien sûr, il y a la danse. Lyon, capitale de la danse...

Martine, Laurent et Bernard attendent la décision du Comité.

Martine : Dure journée...

Le téléphone sonne ; Laurent décroche.

Laurent : Entendu, Monsieur.

Dans le bureau de monsieur Duray

M. Duray : Très bon travail. Félicitations à tous les trois. Pour le concours de cette année, nous retenons l'idée de mademoiselle Doucet.

Bravo pour Martine !

Voix off : Et comme partout en France, les choses se terminent toujours par le traditionnel pot.

AVEZ-VOUS BIEN SUIVI L'HISTOIRE

1 Mettez les événements dans le bon ordre.

a. Les trois amis exposent leurs idées dans le bureau de monsieur Duray.
b. Bernard va travailler dans une cabine téléphonique.
c. Laurent et Bernard félicitent Martine.
d. Martine, Laurent et Bernard vont dans trois cafés différents.
e. Monsieur Duray retient l'idée de Martine pour le concours.

2 Pour commander une consommation, vous dites :

a. Ça vient, ces croque-monsieur ?
b. Donnez-moi un jus d'orange.
c. Qu'est-ce que vous prenez ?
d. Vous voulez un café ?

3 Pour offrir une consommation à un ami, vous dites :

a. Tu m'offres un pot ?
b. On vient avec toi.
c. Qu'est-ce que tu prends ?
d. Vous désirez ?

4 Vrai ou faux ?

a. Nos trois amis travaillent dans un seul café.
b. On peut manger des sandwichs et boire de la bière dans un café.
c. Martine ne veut pas de beurre sur son pain.
d. Le sujet de Laurent est la vie culturelle à Lyon.
e. Monsieur Duray retient le sujet de Bernard.

5 Qu'est-ce que ça veut dire ?

Dans le café, Martine dit au garçon :
« Donnez-lui dix francs. »
Le garçon répond : « Pourquoi moi ? »

A votre avis,

a. le garçon ne comprend pas.
b. le garçon est ivre.
c. le garçon comprend très bien, mais il ne veut rien donner.

6 Qu'est-ce qu'ils disent ?

a. Faites-le partir !
b. Posez ça ici.

a. Vous désirez ?
b. Pourquoi moi ?

a. Surtout pas !
b. Alors, un café-crème.

ÇA PEUT VOUS ÊTRE UTILE...

au café

Un homme s'asseoit à la terrasse d'un café. Une jeune serveuse s'occupe de lui.

- ■ Mademoiselle, s'il vous plaît... Mademoiselle !
- ● Vous désirez ?
- ■ Une bière, s'il vous plaît.
- ● Bouteille ou pression ?
- ■ Bouteille.
- ● Française ou étrangère ?
- ■ Française.
- ● Bien, Monsieur. Tout de suite.

Le client attend mais la bière ne vient toujours pas !

- ■ Déjà dix minutes !

Une autre serveuse s'approche de lui.

- ▲ Vous n'êtes pas servi, Monsieur ?
- ■ Non, pas encore.
- ▲ Qu'est-ce que vous voulez ?
- ■ Vous pouvez m'apporter une bière française, en bouteille ?
- ▲ Mais oui. Tout de suite, Monsieur.

La deuxième serveuse revient immédiatement avec la bière.

- ■ Ah, c'est gentil. Ça fait combien ?
- ▲ Douze francs.
- ■ Voilà, Mademoiselle.
- ▲ Quatorze, quinze et cinq – vingt.
- ■ Merci.

La première serveuse apporte une bière, elle aussi !

- ■ Vous arrivez trop tard, Mademoiselle. Vous voyez, je suis déjà servi.
- ● Mais vous me l'avez commandée...
- ■ Mais, prenez-la. Je vous l'offre.
- ● Merci. Ça fait douze francs. Je vais la boire à l'intérieur.

GARÇON !

TARIF DES CONSOMMATION

EXPRESSIONS UTILES

Garçon !

Oui, voilà, vous désirez ?

Qu'est-ce que vous avez ?
Je voudrais.../
Donnez-moi.../
Apportez-nous...

L'addition, s'il vous plaît !
Combien je vous dois ? / C'est combien ?
Le service est compris ?

Vous pouvez consommer

dans un bar ou un café :
des boissons avec ou sans alcool et du café

dans une brasserie :
un repas complet

dans un salon de thé :
du thé, du café, des boissons sans alcool, des pâtisseries.

Bar des amis

CAFÉ DU COMMERCE

▶ À VOUS...

1 Je voudrais un café, et toi ?

– Moi, je voudrais...

Ça fait combien ?
– Ça fait...

2 Vous êtes deux. Vous avez vingt francs. Il faut laisser quinze pour cent de service. Regardez le tableau des consommations ci-dessus et dites ce que vous voulez.

3 Vous êtes à la terrasse d'un café avec un(e) ami(e). Le garçon vous demande ce que vous voulez. Vous demandez à votre ami(e) de choisir, et vous demandez deux consommations.

ÉMISSION **5**

POUR COMPRENDRE ET POUR VOUS EXPRIMER

1 Désigner des personnes, des animaux, des choses

On utilise **ce, cet, cette, ces**
(voir tableau des adjectifs démonstratifs p. 165).

masculin	féminin
ce garçon **cet** homme	**cette** femme
ces hommes femmes	

Cet objet, qu'est-ce que c'est ? ▶
Cette voiture, elle est à toi ?
Je choisis ce café !
Combien coûtent ces oranges ?

▶ Montrez des gens ou des objets dans la classe ou sur des photos.

2 Désigner des choses

On peut utiliser le pronom **ça.**

Et les croissants, vous aimez **ça** ?

▶ Demandez à votre partenaire ce qu'il/elle aime.

Ex. : Les gâteaux, vous aimez ça ?
– Oui, j'aime ça.
ou : – Non, je n'aime pas ça.

Continuez...

3 Exprimer la quantité

1 Donnez-moi une orange
deux croissants
trois tartines
des brioches

On peut compter des unités (exemples : cinq oranges, trois livres, quatre voitures).

2 Je voudrais du beurre
de la viande
de l'eau

Il n'y a pas d'unités à compter (exemples : le café, le beurre, l'eau).

▶ Vous prenez votre petit déjeuner. Dites au garçon (votre partenaire) ce que vous voulez.
Apportez-moi...

4 Exprimer la quantité : les formes

Mots exprimant une quantité		On peut compter des unités.	On ne peut pas compter d'unités.
un(e) deux, trois,... cent des		un concours, une page quatre journaux cent personnes des voitures	
du, de la, de l'			du lait, de la salade, de l'alcool, de l'eau
un peu assez beaucoup	de	assez de voitures beaucoup d'idées	assez de fromage beaucoup de beurre
un verre une tasse un kilo	d'	 un kilo d'oranges	un verre de lait une tasse de café un kilo de fromage
pas		pas de voitures pas d'idées	pas de lait pas d'eau

5 Les pronoms compléments indirects

A qui ?

Pour qui ?

Elle **lui** donne un croissant.
lui = à Bernard

Achète- **leur** des gâteaux.
leur = pour nos amis

Elle	**me / , m'/nous** **te / , t'/vous** **lui/leur**	donne un croissant.

Achète-	**moi/nous** **toi/...** **lui/leur**	des gâteaux.

(voir tableau des pronoms p. 162)

▶ Demandez à votre partenaire de vous donner quelque chose, ou de donner quelque chose à une autre personne.
Ex. : Donne-lui un livre. – D'accord, je lui donne celui-là.

6 Exprimer son opinion

Je pense Il croit On dit	que	Lyon est une belle ville. c'est une bonne idée. Lyon a un grand rôle à jouer.

▶ Qu'est-ce que vous pensez de votre ville ?
Qu'est-ce qu'on dit de votre pays ?
Ex. : Je pense que ma ville est très belle...

ÉMISSION **5**

APPRENEZ À ÉCOUTER ... ET À DIRE

1 L'intonation des questions

Regardez le schéma intonatif et écoutez.

a. Le mot interrogatif commence la phrase :

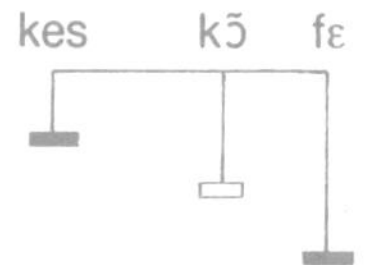

Qu'est-ce qu'on fait ?

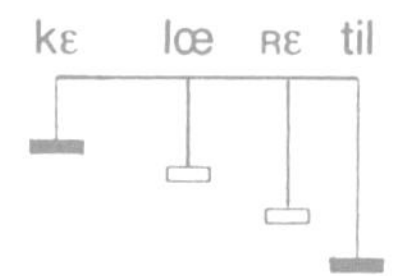

Quelle heure est-il ?

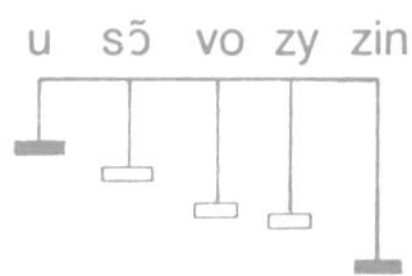

Où sont vos usines ?

b. Le mot interrogatif termine la phrase :

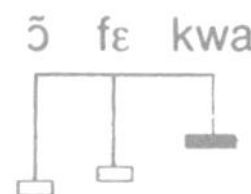

On fait quoi ?

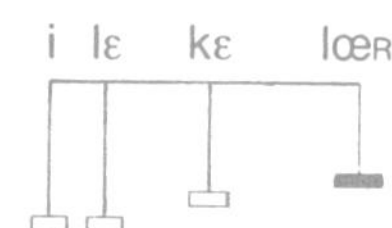

Il est quelle heure ?

Vos usines sont où ?

⚠ Attention à l'intonation des exclamations.

Quel soleil !

Quelle belle ville !

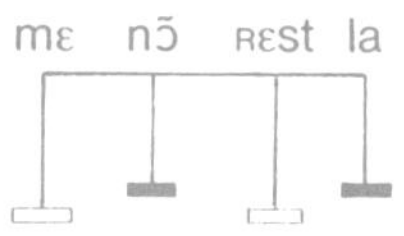

Mais non, reste là !

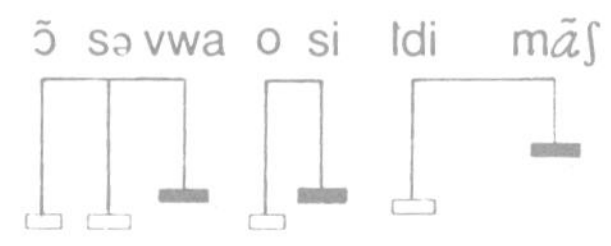

On se voit aussi le dimanche ?

▶ Dites les phrases suivantes.
Ensuite, écoutez la cassette et répétez.

a. Comment vas-tu ?
b. Qu'est-ce que vous faites ?
c. Quelle belle voiture !
d. Quel jour est-on ?
e. Combien ça fait ?

2 Insister sur un mot important

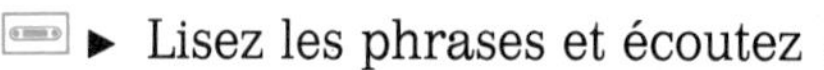

▶ Lisez les phrases et écoutez :

– Lyon est déjà une *grande* ville européenne. (certitude)
– *Sor*tez, s'il vous plaît. (volonté)
– *Fé*licitations ! (sympathie – sincérité)
– C'est in*sup*portable ! (émotion forte)

3 Féliciter des gens
Marquer sa sympathie et sa sincérité

▶ Dites les phrases.
Ensuite, écoutez la cassette et répétez.

a. C'est excellent !
b. Votre page est très réussie.
c. Vous faites des photos remarquables !
d. Tout ça, c'est très bien.
e. C'est gigantesque !

LYON

ÉMISSION 6

BONNE FÊTE, LAURENT !

OBJECTIFS

Découvrir

- **des lieux :** un marché en plein air, des boutiques, la campagne
- **des gens** qui font des courses, qui expriment des émotions, des sentiments, qui fêtent ensemble la Saint-Laurent
- **une coutume :** souhaiter sa fête à quelqu'un

Apprendre

- **à faire des projets**
- **à raconter des événements passés**
- **à faire des achats : s'informer, demander le prix, dire ce qu'on veut...**
- **à accepter ou à refuser d'acheter**
- **à exprimer des émotions et des sensations diverses**

et pour cela, utiliser

– les nombres de *un* à *cent,*

– *aller* + infinitif (intention, futur)

– le passé composé avec *être* et *avoir*

COMMENT TRAVAILLER...

1 Avant de regarder le film, étudiez :
– le résumé photographique, page 79 et le tableau ci-dessous
et, si vous le voulez, parcourez le texte du dialogue, pages 70 à 72.
Essayez d'imaginer l'histoire, faites des hypothèses.

les lieux	l'action	Posez-vous des questions.
1 au marché	1 	C'est la fête de Laurent. Vous pensez qu'ils vont déjeuner ensemble ?
2 dans la rue	2 	Que prend l'homme dans le panier ? Que va-t-il se passer ?
3 chez l'oncle de Bernard	3	L'oncle de Bernard est-il content de les voir chez lui ?

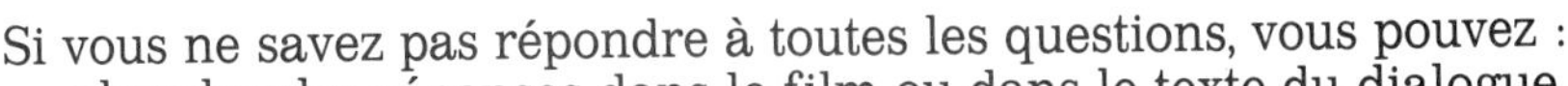

2 Regardez le film.
Observez comment on fait des achats.
Observez ce que font et ce que disent les gens.

3 Avez-vous bien suivi l'histoire ? Répondez aux questions page 73.
Si vous ne savez pas répondre à toutes les questions, vous pouvez :
– chercher les réponses dans le film ou dans le texte du dialogue, pages 70 à 72,
– écouter la cassette en étudiant le dialogue pages 70 à 72.
Faites la partie A, « Observez le film et vous comprendrez », des exercices du Cahier.

4 Étudiez les pages 70 à 78 de votre livre.
Faites les parties B et C des exercices du Cahier.
N'oubliez pas de vérifier vos réponses aux exercices marqués du signe

5 Est-ce que cette méthode de travail vous convient ?
Est-ce que vous consacrez assez de temps à l'étude du français ?

ÉMISSION **6**

BONNE FÊTE, LAURENT !

Dimanche matin. Bernard se promène dans les rues de Lyon. Chez un fleuriste, il voit une petite affiche : "Saint Laurent". C'est la fête de son ami Laurent!
Il s'arrête brusquement.

PREMIÈRE PARTIE

Dans la rue

La dame : Oh !... Mes gâteaux !

Bernard : Je suis désolé... mais vraiment, c'est... les... c'est... c'est... c'est parce que...

A l'hôtel de Martine

Bernard : Hou... hou !

Martine : Ben !... ⟨ On se voit aussi le dimanche ?

Bernard : Bon, si ça ne te plaît pas, je m'en vais.

Martine : Non, reste.

Bernard : Hé ! Tu sais ?

Martine : Quoi ?

Bernard : Aujourd'hui, c'est la Saint-Laurent. ⟩

Chez Laurent

Martine/ Bernard : ⟨Bonne fête, Laurent.

Martine : Nous allons faire des courses.

Bernard : Tu viens avec nous ?

Martine : On va déjeuner à la campagne.

Laurent : Où ?

Bernard : Surprise ! Allez, va t'habiller. ⟩

Martine : Allez !

Bernard : Allez !

Au marché

Une femme : ⟨ Un rôti de un kilo cinq cents, s'il vous plaît. Dans le filet.

Le boucher : Voilà. Ça fait cent vingt francs.

Bernard : C'est sûrement une Parisienne.

Laurent : C'est cher, donc c'est bon !

La femme : Merci.

Martine : Donnez-moi une belle tranche de rumsteck, s'il vous plaît.

Le boucher : Je n'en ai plus, Mademoiselle, mais j'ai une très belle entrecôte.

Laurent : Une entrecôte, c'est parfait !

Le boucher : Et pas très cher. Quatre-vingt-cinq francs le kilo.

Martine : Ça vous va ?

Bernard : Et pourquoi pas une côte de bœuf, tiens ?

Le boucher : Ah, ben, j'en ai une excellente, quatre-vingts francs le kilo. D'accord ?

Bernard/ Laurent : D'accord.

Le boucher : Un kilo cent.

Martine : Combien ça fait ?

Le boucher : Quatre-vingt-huit francs. Et avec ça ?

Laurent : Un paquet de chips.

Le boucher : Voilà. En vous remerciant.

Martine : Merci.

Le boucher : C'est moi.

Martine : Au revoir.

Le boucher : Au revoir. 〉

Chez le boulanger

La vendeuse : Un grand baba au rhum et deux tartes aux fraises !

Une dame : Merci.

La vendeuse : Sept francs cinquante la tarte, avec le baba, vingt-deux francs. A la caisse, Madame.

Une femme : Je veux juste un éclair au café.

La vendeuse : C'est tout ?

La femme : Oui.

La vendeuse : Voilà.

Laurent (à Martine) : Tu veux seulement du pain, ou tu veux un gâteau ?

Martine : 〈Je voudrais... un gâteau... C'est une tarte à quoi ?

La vendeuse : Aux fruits de la Passion.

Martine : Et ça... Ça s'appelle comment ?

La vendeuse : C'est un gâteau alsacien.

Martine (à Bernard et Laurent) : Aidez-moi à choisir !
(à la vendeuse) : La tarte aux pommes coûte combien ?

La vendeuse : Trente-huit francs.

Bernard (à Martine) : C'est cher !

Laurent : Bon. On t'attend dehors.

Bernard : Eh, dis ! N'oublie pas le pain !

La vendeuse : Mademoiselle ?

Martine (à la vendeuse) : Ben, je prends la tarte aux pommes.

La vendeuse : Voilà, Mademoiselle.

Martine : Je veux aussi du pain. Deux baguettes, s'il vous plaît ! 〉

La vendeuse : D'accord.

Martine sort. La viande n'est plus dans le panier !

Martine : Ouf ! C'est fini !
Ben... et la viande ?

Bernard : Oh, la vache ! Attends-nous là !

Bernard et Laurent courent après l'homme et le chien.

Bernard : 〈Eh, ma viande ! Oh, où est ma viande ?

L'homme : Excusez-le. C'est une erreur.
Il ne l'a pas fait exprès...
Un moment d'inattention !
Prenez-la. 〉

Bernard : Non, ce n'est pas la peine.
Gardez-la. C'est bien...
Voilà... Très bien... Parfait...

DEUXIÈME PARTIE

De nouveau au marché

Martine : Ce n'est pas grave, on va acheter autre chose... Des huîtres, des crevettes roses, avec du pain et du beurre, ça va ?

Laurent : Ça va.

Martine : 〈Trois douzaines d'huîtres et 30 francs de crevettes roses, s'il vous plaît.

Bernard : Je voudrais aussi un crabe, pour ce soir.

Martine : Un quoi ?

Bernard : Un crabe ! Ça va.

Le marchand : Cent soixante-cinq francs en tout... ça va ?

Martine : Ça va ! 〉 Merci, au revoir.

Bernard : Au revoir.

ÉMISSION 6

BONNE FÊTE, LAURENT !

Dans la voiture

Bernard : Je suis sûr que ce n'est pas loin...

Laurent : Loin ? Mais où allons-nous ?

Bernard : C'est une surprise... Aïe ! !

Martine : Le crabe... Le crabe l'a pincé ! La voiture recule !

Laurent : Appuie sur le frein !

Martine : Je ne peux pas ! Oh ! On entre dans un jardin !

Martine : ⟨ Il est évanoui !

Laurent : Le crabe ?...

Martine : Mais non, Bernard, bien sûr !

Laurent : Donne-lui une claque !

Bernard : Ah non, pas ça ! ⟩

Bernard : Ben voilà. C'est ici... Nous sommes arrivés !

L'oncle : Alors, mon neveu, comment ça va ?

Bernard : Mon oncle !

Chez l'oncle de Bernard

Martine : ⟨ Alors... la surprise, c'est vous ! Vous êtes l'oncle de Bernard ?

L'oncle : Eh oui ! Attendez, vous allez voir. Tenez, le voilà à dix ans, et là à quinze ans...

Martine : Il n'a pas changé !

L'oncle : Bernard a toujours été un neveu charmant. Et un sacré garnement ! ⟩ Ah ! Allez !

Laurent : Merci.

Bernard : Merci, mon oncle.

Tous : Bonne fête... Laurent.

Martine : Merci pour cette journée, Monsieur. Au revoir.

L'oncle : De rien, Martine.

Bernard : Au revoir, mon oncle.

L'oncle Au revoir, mon neveu.

Laurent : Au revoir, Monsieur.

L'oncle : Au revoir, Laurent.

Bernard : A bientôt.

L'oncle : Et vive la Saint-Laurent !

De retour à l'hôtel des Américains

Mme Legros : ⟨ Vous êtes allés à la campagne ?

Bernard : Non. Nous sommes allés à la mer ! ⟩

Mme Legros : Dehors !

Martine : Tenez.

Mme Legros : C'est gentil. Merci.

AVEZ-VOUS BIEN SUIVI L'HISTOIRE ?

1 La première scène se passe...

a. dans un magasin.
b. chez Laurent.
c. chez l'oncle de Bernard.
d. dans la rue.

2 Mettez les événements dans le bon ordre.

a. Ils sont entrés dans le jardin de l'oncle de Bernard.
b. Le crabe a pincé Bernard.
c. Martine a acheté une tarte.
d. Bernard est allé à l'hôtel de Martine.
e. Le chien a pris l'entrecôte.

3 A votre avis, l'homme

a. s'excuse sincèrement.
b. se moque des deux amis.
c. est très content pour son chien.

4 Qui parle ? Un client (C) ou un vendeur/une vendeuse (V) ?

a. Désolé, je n'en ai plus.
b. Ça coûte combien ?
c. Bon, je la prends.
d. Ce n'est pas cher !
e. Ça s'appelle comment ?
f. Donnez-moi une entrecôte !
g. Voilà. Ça fait quarante-sept francs.
h. C'est huit francs la tarte.

5 Que dites-vous si

a. vous voulez vous excuser.
b. vous voulez quitter un magasin sans rien acheter.
c. vous ne connaissez pas le nom d'un objet.

6 Qu'est-ce qu'ils disent ?

ÇA PEUT VOUS ÊTRE UTILE...

Un client est au rayon de la parfumerie.

- ■ Je cherche une eau de toilette pour femme.
- ● Oui. Vous pouvez mettre combien ?
- ■ Oh, entre cent et cent cinquante francs.
- ● Alors prenez celle-ci... elle n'est pas chère et elle est très bien.
- ■ Et celle-ci ?
- ● Celle-ci... Elle est beaucoup plus chère... quatre cent vingt francs... et c'est une excellente marque !
- ■ Je vais réfléchir...

Le client est maintenant au rayon des foulards pour dames.

- ○ Vous désirez ?
- ■ Vous avez des foulards en soie ?
- ○ Oui. Regardez : bleu foncé... gris...
- ■ Ma femme préfère les couleurs vives. Vous n'avez pas de rouge ou de bleu ?
- ○ Si, mais en coton.
- ■ Ça coûte combien ?
- ○ Celui-ci ? Quatre-vingts francs.
- ■ D'accord, je le prends.

Le monsieur entre dans une pâtisserie.

- ■ Bonjour, madame, je voudrais un gâteau pour une petite fête...
- ▲ Oui. Pour combien de personnes ?
- ■ Pour quatre personnes...
- ▲ Alors prenez une tarte aux fruits... ou un gâteau Saint-Honoré... ou notre spécialité maison.
- ■ Vous croyez ?
- ▲ Ou des meringues... elles sont très bonnes, vous savez...
- ■ Vous n'avez pas de baba ?
- ▲ Non, monsieur, désolée. Prenez un gâteau au chocolat !
- ■ C'est combien ?
- ▲ Soixante francs.
- ■ D'accord.

EXPRESSIONS UTILES

Le client/la cliente

s'informe

Je cherche la parfumerie.
Je voudrais une eau de toilette.

Vous pouvez me montrer des cravates ?

Est-ce que vous avez... ?

demande le prix

C'est combien ?/Ça coûte combien ?
Quel est le prix de... ?

hésite

C'est trop cher.
Vous n'avez pas autre chose ?
Montrez-moi autre chose.
Vous n'avez pas plus petit/grand ?

se décide

Bon. Je prends...
Non, merci. Je vais réfléchir.

Le vendeur/la vendeuse

donne des renseignements

C'est pour vous ?
Voilà... Tenez.

Mais oui, certainement.
Quelle couleur voulez-vous ?

Désolé(e), je n'en ai plus.

indique le prix

Ça coûte 150 francs.
Celui-ci/celle-ci est moins cher/chère.

conseille

Cette cravate vous va très bien.
Celle-là est moins chère.
Vous voulez voir autre chose ?

Et avec ça ?
C'est pour offrir ? Je vous fais un paquet.

▶ À VOUS

1 Qu'est-ce qu'on vend dans ces magasins ?

2 Écoutez le premier dialogue entre le client et la vendeuse.

Qu'est-ce qui se passe ?

	oui	non
- Le client achète l'eau de toilette.		
- Le client dit qu'elle est trop chère.		
- Il veut dépenser de 100 à 150 francs.		

3 Écoutez le deuxième dialogue.

Qu'est-ce qui se passe ?

	oui	non
- Le client veut acheter une cravate.		
- Sa femme aime les couleurs vives.		
- Il achète un foulard en coton à 100 francs.		

4 Vous jouez avec votre partenaire. Vous êtes à tour de rôle client(e) ou vendeur/vendeuse.

Le client s'informe, demande des conseils, hésite, se décide. Le vendeur renseigne, conseille, donne son avis...

ÉMISSION

6

POUR COMPRENDRE ET POUR VOUS EXPRIMER

1 Interroger : COMBIEN ?

Ça coûte 35 francs.

Ça coûte **COMBIEN ?**

COMBIEN est-ce que ça coûte ?

Il y a 25 personnes.

Il y a **COMBIEN DE** personnes ?

COMBIEN DE personnes | **est-ce qu'**il y a ? / **y a-t-il** ?

2 Compter en français

Attention à la prononciation !

(Voir le tableau de la page 164).

cinq : cinq amis — mais cinq jours

six : six hommes — six kilos

sept : sept huîtres — sept crabes

huit : huit éclairs — huit tartes

neuf : neuf heures — neuf kilos

dix : dix ans — dix livres

Remarquez :

- treize (13), quatorze (14), quinze (15), seize (16),
  mais : dix-sept (17), dix-huit (18).
- cent vingt-trois (123)
  trois cent cinquante-huit (358).
- vingt et un (21)
  mais : vingt-deux (22), vingt-trois (23).
- quatre-vingt-un (81)
  soixante et onze (71)
  quatre-vingt-onze (91).

▶ Écrivez les nombres suivants :

Ex. : quatre-vingt-douze → 92

a. onze
b. quinze
c. dix-huit
d. vingt et un
e. trente-deux
f. soixante-treize
g. quatre-vingt-un
h. quatre-vingt-seize
i. cent un
j. soixante et onze

▶ Combien ça fait ?
Écoutez et écrivez les nombres en chiffres.

Ex. : Très bien, Madame.
Ça vous fait 80 francs.

a. ... b. ... c. ...
d. ... e. ... f. ...

▶ Combien ça fait ?

Ex. : Un kilo et demi de viande à 100 francs le kilo, ça fait 150 F.

a. deux gâteaux à 8,50 F pièce
b. deux douzaines d'huîtres à 32 F la douzaine
c. deux paquets de chips à 26 F le paquet
d. une livre de viande à 80 F le kilo

3 Exprimer ses intentions

Ils vont voir un film.
Je vais partir en France.

aller + infinitif

▶ Dites ce que vous allez faire

– dimanche prochain
– le mois prochain.

4 Parler d'événements passés : le passé composé

Le 10 août, jour de la Saint-Laurent :
a. Bernard a acheté un crabe.
b. Le crabe a pincé Bernard.
c. La voiture a reculé.
d. Martine et Laurent ont fait la connaissance de l'oncle de Bernard.
e. Ils ont passé une bonne journée.
f. Nos trois amis sont partis en voiture.
g. Ils sont sortis de Lyon.
h. Ils sont allés à la campagne.
i. Martine est rentrée tard à son hôtel.

▶ Soulignez les formes des verbes et donnez leur infinitif.

Regardez le tableau ci-dessous.

avoir + participe passé	être + participe passé
Il a acheté Il a pincé Elle a reculé Ils ont fait Ils ont passé	Ils sont partis Ils sont sortis Ils sont allés Elle est rentrée

Qu'est-ce que vous remarquez ?

⚠ On utilise *être* + participe passé avec

a. quelques verbes de mouvement (voir p. 160).

b. tous les verbes réfléchis (ex. : se lever, se coucher).

⚠ Quelques participes passés irréguliers :

être	→	**été**	vouloir	→	**voulu**
avoir	→	**eu**	pouvoir	→	**pu**
faire	→	**fait**	devoir	→	**dû**
prendre	→	**pris**	savoir	→	**su**

L'homme qui a changé notre histoire

La guerre des moutons n'a pas eu lieu

LA COMÈTE DE HALLEY EST ARRIVÉE

Di... u... de... la c... un préam... collective vers l'Uni... avait pro... institue l'... conseil e... de l'Unio... suprême ... secrétaria... montage

▶ Reliez l'infinitif au participe passé du même verbe.

acheter	fini
reculer	eu
faire	venu
finir	reculé
courir	vu
avoir	couru
voir	fait
venir	acheté

▶ Demandez à votre partenaire ce qu'il/elle a fait hier / la semaine dernière.

Ex. : Tu es allé(e) au cinéma ?

Changez de rôles.

▶ Prenez un journal.
Citez cinq événements importants.

APPRENEZ À ÉCOUTER ... ET À DIRE

1 L'intonation change... le sens de la phrase peut changer.

a. Écoutez l'enregistrement :

Mais non, reste là.
→ voix aimable, pour rassurer ou convaincre...

b. Écoutez l'enregistrement :

On se voit aussi le dimanche ?
→ surprise – voix aimable.

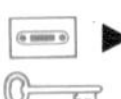

► Écoutez les phrases suivantes et dites si l'intonation

– veut rassurer et convaincre avec gentillesse.
– marque la surprise.

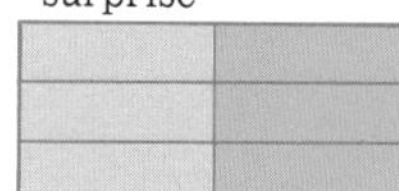

	exprime la surprise	rassure
Tu viens avec nous !		
N'oublie pas le pain !		
Un quoi ?		

c. La voix peut indiquer l'urgence, l'inquiétude, la peur...

► Écoutez les phrases suivantes et imitez-les.

Appuie sur le frein !
Je ne peux pas !
Il est évanoui !
La voiture recule !

2 Apprenez aussi à regarder... et à deviner ce qui se passe.

► Décrivez la mimique et les gestes des personnages.

Qu'est-ce qu'ils expriment ?
A quel moment du film se situent les scènes ?

6

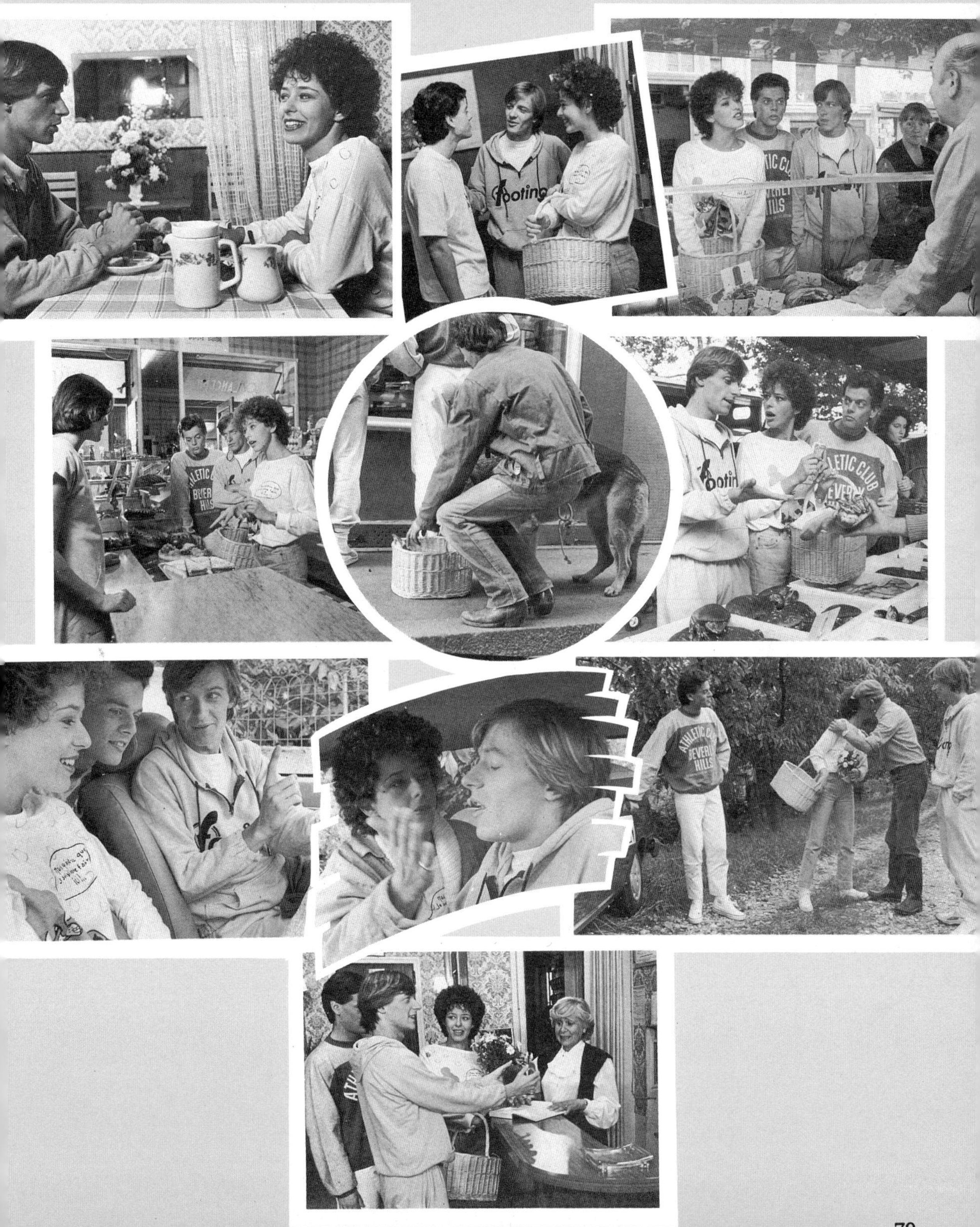

OBJECTIFS

Découvrir

- **des lieux :** l'aéroport de Lyon-Satolas, le hall, la cafétéria... et le bureau du commissaire de police !
- **des gens** dans des situations difficiles : Laurent qui veut persuader Martine de partir à Marseille avec lui, Bernard interrogé par un commissaire

Apprendre

- **à faire des suggestions et des propositions**
- **à donner des raisons**
- **à faire des suppositions**
- **à exprimer son accord et son désaccord**
- **à faire des comparaisons**
- **à menacer quelqu'un**
- **à toucher un chèque dans une banque**

et pour cela, utiliser

– *si* + imparfait,

– *on pourrait* + infinitif,

– *plus / moins / aussi ... que*

– *pour* + infinitif,

– *Quel ?*

COMMENT TRAVAILLER...

1 Regardez le film sans préparation.

2 Répondez aux questions de « Avez-vous bien suivi l'histoire ? », page 85.

3 Étudiez les pages 82 à 84 de votre livre en vous servant de la cassette pour apprendre des parties du dialogue.

4 Faites les exercices des parties A, B et C du Cahier d'exercices.
Vérifiez vos réponses aux exercices marqués du signe 🔑.

Ou bien :

Utilisez une des démarches proposées pour les émissions précédentes.

Ce tableau montre des moments importants de l'histoire.

les lieux	l'action	Posez-vous des questions.
1 à la cafétéria de l'aéroport	1	Qu'est-ce qui ne va pas entre Laurent et Martine ?
2 dans un couloir de l'aéroport	2	Qu'est-ce qui arrive à Bernard ?
3 dans le bureau du commissaire	3	Est-ce que M. Duray peut aider Bernard ?
4 dans leur bureau à *Lyon-Matin*	4	Est-ce que Martine est contente ?

Dans les deux cas, voyez la liste des objectifs.
Est-ce que vous êtes maintenant capable de faire des propositions, d'exprimer votre accord... en français ?

ÉMISSION **7**

SI ON PARTAIT...

Martine, Bernard, Laurent et Véronique, la nouvelle stagiaire, font un reportage à l'aéroport de Lyon-Satolas

PREMIÈRE PARTIE

Dans le hall de l'aéroport

Véronique : Monsieur ! Nous faisons une enquête pour *Lyon-Matin.* Vous êtes Lyonnais ?

Un passager : Mais non, je suis du Nord.

Véronique : Quel métier ! Tu as vu ces gens du Nord !

Martine : Ne t'en fais pas ! Ils ne sont pas tous comme ça.

Laurent : 〈 On va manger quelque chose ? Je meurs de faim.

Martine : Oh, oui, c'est une bonne idée !

Bernard : Bon, allez-y. Moi, j'ai du travail. 〉

A la cafétéria de l'aéroport

Laurent : 〈 Tu sais, ma mère est Belge. Elle habite Bruxelles. Elle est à Marseille pour trois jours. Je vais la rejoindre demain.

Véronique : Ah, Marseille ! C'est plus joli qu'ici.

Laurent (à Martine) : Tu viens avec moi... ? Si on partait tous les deux ! Qu'est-ce que tu en penses ?

Martine : Pourquoi ?

Laurent : Parce que tu es ma cousine ! Et ma mère va être contente de te voir. En plus, on a du travail à Marseille ! Tu sais, le reportage sur le Vieux Port ! On pourrait prendre la voiture...

Véronique : Moi, à ta place...

Laurent : Mais vous n'êtes pas à sa place ! 〉

Dans un couloir de l'aéroport, Bernard fait des photos

Bernard : Bon, eh bien maintenant tu regardes là-bas... Pas trop, hein... Un peu moins... voilà, très bien... Et une petite dernière en me regardant, je me presse... Souris un peu... Oui, bien !

DEUXIÈME PARTIE

Une annonce au haut-parleur

Haut-parleur : Votre attention, s'il vous plaît ! Monsieur Nicot et monsieur Travers sont demandés au secrétariat de l'aéroport.

Laurent : Ne bouge pas. Je reviens.

Haut-parleur : Je répète : monsieur Nicot et monsieur Travers sont demandés au secrétariat de l'aéroport.

Bernard : J'en ai pour un instant.
Le secrétariat, s'il...

Bernard bouscule un homme qui porte une valise. La valise tombe. Elle est pleine de pièces d'or !

L'homme : Imbécile !

Bernard : C'est le loto ou le tiercé ?

L'homme : Pauvre type !

Bernard : Si vous continuez, j'appelle la police !

Un policier : C'est fait.

À la cafétéria

Laurent : ⟨ Duray au téléphone...
Il veut savoir comment se passe l'enquête... Du reste, il arrive.
Il a rendez-vous avec le directeur de l'aéroport.

(à Martine) : Martine, j'attends ta réponse, pour Marseille.
Ça t'ennuie tellement ?

Martine : Tu sais bien que non.
Mais je réfléchis...

Véronique : Vous pourriez aller danser à Saint-Tropez.

Laurent : Véronique, taisez-vous !

Martine : Mais laisse Véronique tranquille !
Laurent, j'ai totalement confiance en toi...

Laurent : Alors ?

Martine : Alors, les gens, au journal, vont penser que nous faisons la fête, et ça me gêne !

Laurent : Avec Bernard, tu aurais dit « oui ».

Martine : Mais je ne sais pas.
Je vous aime beaucoup tous les deux.

Laurent : Oui. Mais pas de la même façon. ⟩

SI ON PARTAIT...

Martine voit passer Bernard entre deux policiers !

Martine : Mais qu'est-ce qui se passe ?

Dans le bureau du commissaire de l'aéroport

Le commissaire : Alors ?

Bernard : Une minute ! J'aime pas qu'on me regarde manger !

Le commissaire : Ça va vous coûter cher !

M. Duray : Bonjour ! J'ai été prévenu par un de mes journalistes...
Dites, mon cher Marcel...
Ça peut aussi vous coûter cher d'arrêter mes collaborateurs !

Le commissaire : Il s'agit peut-être d'une erreur, mon cher Henri !

M. Duray : Ah, bien sûr !
Travers !

Le commissaire : Je suis désolé...
mais pour le croque-monsieur...

Bernard : Merci.

L'homme : Je peux... ?

Le commissaire : Non !... Alors ? !

Berlioz

Au parking de l'aéroport

Bernard : Merci de votre intervention...

M. Duray : C'est normal.
Un patron, ça sert de temps en temps, hein ?

Martine : ⟨Alors, des ennuis ?

Bernard : Non, rien... c'est arrangé.

Laurent (à M. Duray) : Finalement, je pars dès ce soir pour Marseille...

M. Duray : Très bien.

Laurent : Et je pars seul...
c'est plus simple.

M. Duray : C'est vous qui décidez...
Bon travail !

Quelques heures plus tard, dans leur bureau, au journal

Bernard (à Martine) : ⟨ Ne fais pas cette tête-lâ !
Tu regrettes Marseille...

Martine : Mais non, c'est mieux comme ça...

Bernard : Écoute, j'ai des places pour le Festival Berlioz.
Tu veux venir ?

Martine : D'accord.

Bernard : Et ensuite je t'invite à dîner...

Martine : Alors, c'est la fête !

Bernard : Exact. ⟩

Martine et Bernard sont au concert.

AVEZ-VOUS BIEN SUIVI L'HISTOIRE ?

1 Laurent veut...

a. partir seul voir sa mère.
b. emmener Véronique à Marseille.
c. décider Martine à partir avec lui.

2 Mettez les événements suivants dans le bon ordre :

a. Bernard est arrêté par des policiers.
b. Martine, Véronique et Laurent font une enquête à l'aéroport.
c. Le commissaire interroge Bernard.
d. Laurent demande à Martine d'aller à Marseille avec lui.
e. Monsieur Duray fait libérer Bernard.

3 Éliminez une phrase : a, b, c ou d.

Pour suggérer quelque chose à un ami, vous dites :

a. On pourrait partir.
b. Si on partait...
c. Ça t'ennuie ?
d. Tu pars avec moi ?

4 Vrai ou faux ?

a. La mère de Laurent est à Paris pour trois jours.
b. Martine est la cousine de Laurent.
c. Véronique va partir pour Marseille avec Laurent.

5 Qu'est-ce qu'il pense ?

Quand Laurent dit à Martine :
« J'attends ta réponse »,

a. il espère encore qu'elle viendra.
b. il sait déjà qu'elle ne viendra pas.
c. il ne montre pas ses sentiments.

6 Qu'est-ce qu'ils disent ?

ÇA PEUT VOUS ÊTRE UTILE...

A la banque

A l'entrée d'une banque, un panneau :

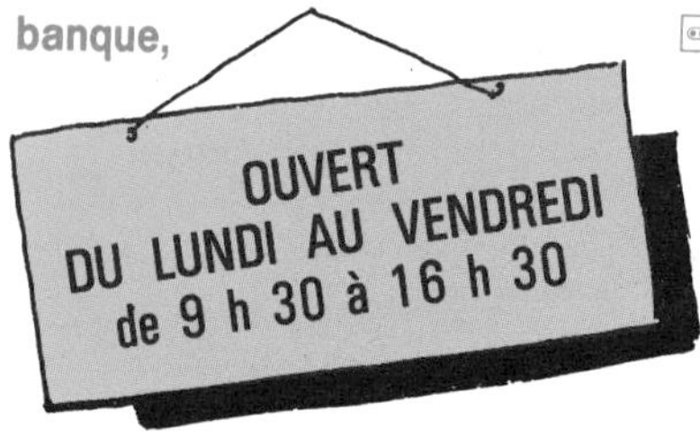

OUVERT
DU LUNDI AU VENDREDI
de 9 h 30 à 16 h 30

La porte s'ouvre, un homme et un petit garçon entrent.
Le petit garçon s'assied ; son père va au guichet et s'adresse à l'employé.

- ■ Bonjour. J'ai des chèques de voyage. Je voudrais de l'argent français.
- ● Vous avez une pièce d'identité ?
- ■ Oui... j'ai aussi mon passeport dans la voiture...
- ● Votre carte d'identité suffit. Veuillez signer ici. Vous voulez des billets de cinq cents ou de cent ?
- Un billet de cinq cents et cinq de cent, s'il vous plaît.
- ● 5... 6... 7... 8... 9... et cent qui font mille.
- ■ Je vous remercie.

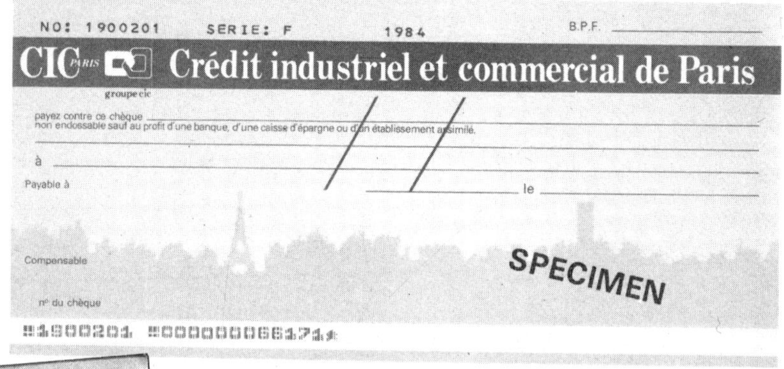

NO: 1900201 SERIE: F 1984 B.P.F. ____________

CIC PARIS Crédit industriel et commercial de Paris
groupe cic

payez contre ce chèque ____________
non endossable sauf au profit d'une banque, d'une caisse d'épargne ou d'un établissement assimilé.

à ____________

Payable à ____________ le ____________

Compensable

n° du chèque

SPECIMEN

⑈1900201 ⑈000000066171⑈

- Somme en chiffres
- Montant
- Nom et prénom du destinataire
- Date
- Signature

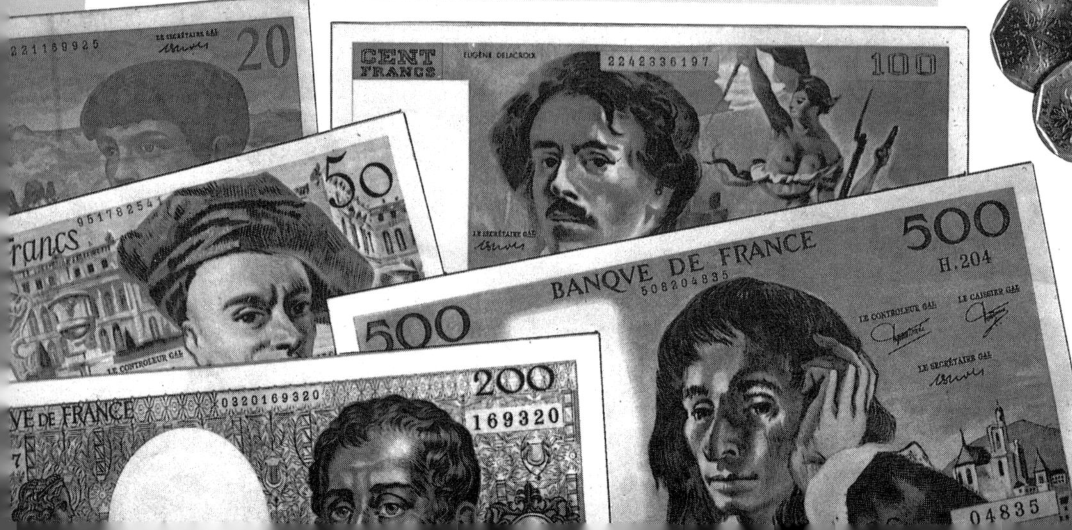

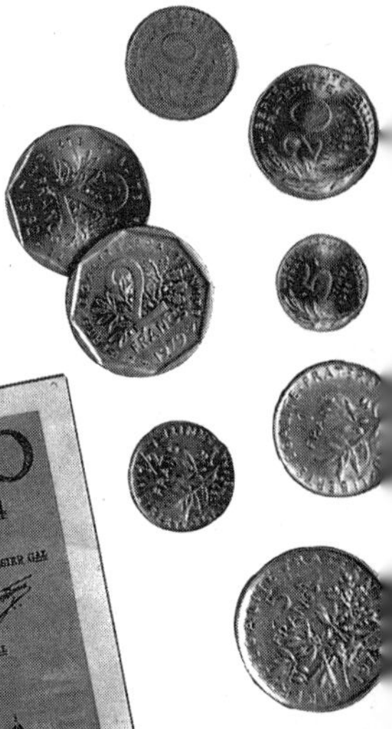

EXPRESSIONS UTILES

Le client/la cliente

Je voudrais toucher un chèque
changer de l'argent
ouvrir un compte
faire un virement

Vous acceptez des eurochèques ?

Vous avez la monnaie de cinq cents francs ?

L'employé(e)

Allez au guichet 7, s'il vous plaît.

Signez ici, s'il vous plaît.
Vous avez une pièce d'identité ?
Veuillez passer à la caisse.

Vous voulez des billets de cent francs ?

Remplissez ce chèque.

Banque nationale de Paris

Attention : En France, les banques ouvrent du lundi au vendredi.
Elles ferment tôt, à 16 h 30 à Paris.
Elles sont fermées les samedis, dimanches, et jours de fête.
Toutes les banques ne changent pas de l'argent étranger.
On peut aussi changer de l'argent dans les aéroports et les gares.

► À VOUS...

1 Vous êtes dans une banque avec un ami étranger.
Il vous dit ce qu'il veut faire
et vous lui indiquez le bon guichet.

Ex. : Qu'est-ce que | vous voulez faire ? / tu veux faire ?

– Ouvrir un compte.

– Alors, allez/va au guichet 3.

2 Vous êtes maintenant dans un bureau de poste. Même activité que l'activité 1.

3 Un visiteur français vient dans votre pays. Il veut changer de l'argent.
Vous lui expliquez comment faire.

POUR COMPRENDRE ET POUR VOUS EXPRIMER

1 Faire des propositions

Utilisez

- une question :
  On sort ce soir ?
- **si** + imparfait (hypothèse) :
  Si on sortait ce soir ?
- **On pourrait** + infinitif :
  On pourrait sortir ce soir...

Pour faire des hypothèses, apprenez les formes de l'imparfait.

base de la 1re personne du pluriel du présent de l'indicatif *Ex. :* Nous **VEN**ons Nous **FAIS**ons		terminaisons de l'imparfait	
je	chant		**ais**
tu	sort		**ais**
il/elle	ven		**ait**
nous	pouv		**ions**
vous	fais		**iez**
ils/elles	av		**aient**

(voir tableau des conjugaisons pp.157-158).

⚠ Une seule exception : être → j'étais.

Pour faire des propositions, apprenez les formes du conditionnel
(voir conjugaison p. 160).

▶ Faites cinq propositions pour apprendre le français plus vite.

Ex. : Si on avait un cours tous les jours...

▶ Proposez des solutions aux problèmes de votre pays... et à ceux des autres !

Ex. : On pourrait interdire les armes atomiques.

▶ C'est dimanche.

a. Vous faites des propositions à votre ami(e).

Ex. : On sort ?
Si on sortait ?

b. Vous ajoutez des raisons.

Ex. : Il y a un très bon film.
On ne sort pas souvent ensemble.

2 Les pronoms compléments (le, la, l', les, lui, leur) devant l'infinitif

Tu peux donner les places.
Tu peux **les** donner ?

Je dois parler à Bernard.
Je dois **lui** parler.

▶ Répondez à ces demandes d'aide.

Ex. : Tu peux aider mon ami ?
– Je suis désolé(e), je ne peux pas l'aider.

a. Tu peux acheter le sac ?
b. Tu peux arranger l'affaire ?
c. Tu peux laver la voiture ?
d. Vous pouvez inviter Gisèle ?

3 Demander des précisions

A quel hôtel est-ce que vous allez ?
– A l'hôtel des Américains.

Quel sandwich est-ce que vous voulez ?
– Le sandwich au jambon.
ou : – Celui-là.

Quelle est la route de Lyon ?
– Celle de gauche.

▶ Interviewez votre partenaire.

Ex. : Quelle couleur est-ce que vous préférez ?

Pensez à :

un film,
une voiture,
un livre,
une ville, ...

4 Comparer (le comparatif)

L'avion est **plus** rapide **que** le train.

(+) **plus...**
(=) **aussi...** **que...**
(–) **moins...**

▶ Comparez :
le train / l'avion / la voiture / le bateau...
cher / rapide / confortable...

5 Les différents emplois de « pour »

1. Pour qui ?
   J'achète ce gâteau **pour** Bernard.
2. Pour quoi faire ?
   Je prends la voiture **pour** aller plus vite.
3. Pour combien de temps ?
   Elle va à Marseille **pour** trois jours.

▶ A quel sens de *pour* (1, 2 ou 3) correspondent ces phrases ?

a. Martine doit partir pour voir son cousin.
b. Le cousin est à Annecy pour quelques jours.
c. Elle va acheter des cadeaux pour ses parents.

APPRENEZ À ÉCOUTER ... ET À DIRE

1 Prononcez les voyelles *y* (de t**u**), *œ* (de v**eu**t), *ø* (de p**eu**r).

Pour prononcer TU :

a. dites TI
b. sans bouger la langue, mettez les lèvres comme pour dire TOUT
c. dites TU.

Pour prononcer VEUT :

a. dites VIE
b. sans bouger la langue, mettez les lèvres comme pour dire VOUS
c. dites VEUT.

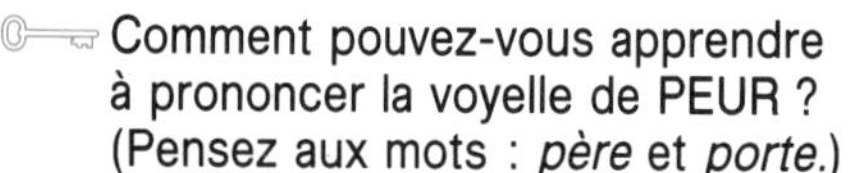

Comment pouvez-vous apprendre à prononcer la voyelle de PEUR ? (Pensez aux mots : *père* et *porte*.)

► Vous entendez des séries de trois mots. Deux sont semblables, un seul est différent. Répétez le mot qu'on entend une seule fois.

Ex. : vous entendez *du - doux - du*, et vous répétez *doux*.

a.	peu	pot	pot
b.	sourd	sur	sourd
c.	sort	sort	sœur
d.	des	deux	des
e.	mise	muse	mise
f.	deux	du	deux
g.	peu	peu	peur
h.	beurre	bord	bord
i.	veut	veut	veulent
j.	serre	sœur	sœur

2 L'intonation qui invite à imaginer...

Écoutez les phrases suivantes.

a.

Si on partait tous les deux...

b.

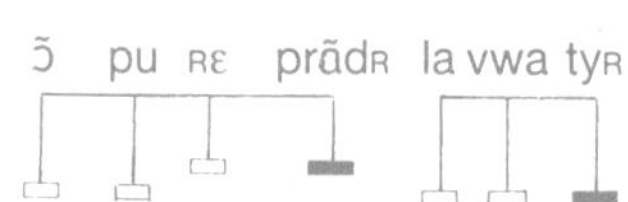

On pourrait prendre la voiture...

c.

Moi, à ta place...

► Prononcez les phrases suivantes en laissant celui qui écoute imaginer ce qui n'est pas dit.

a. *(Martine à Laurent)*
J'ai totalement confiance en toi...
(mais j'ai une autre raison !)

b. *(Martine à Laurent)*
Je vous aime beaucoup tous les deux...
(mais je ne souhaite pas partir avec toi !)

c. *(M. Duray au commissaire)*
J'ai été prévenu par un de mes journalistes...
(et, comme j'aime bien Bernard, j'arrive tout de suite !)

d. *(M. Duray à Laurent)*
C'est vous qui décidez...
(je ne peux rien faire pour vous !)

Apprenez à observer.

► Qu'est-ce qu'ils se disent ?
Imaginez.

a. des choses aimables ?
b. des insultes ?

7

ÉMISSION **8**

MARTINE SE FÂCHE...

OBJECTIFS

Découvrir

- **des lieux :** un bureau de poste, l'appartement de Bernard, le logement de madame Legros
- **des gens,** et surtout : Martine et monsieur Duray ; Martine, Laurent et Bernard ; Martine et madame Legros

Apprendre

- **à inviter**
- **à refuser une invitation**
- **à se justifier, à donner des raisons**
- **à exprimer des émotions** (colère, tristesse, regrets...)
- **à demander des renseignements à la gare**

et pour cela, utiliser

– *aller / pouvoir / vouloir / devoir*

– des expressions de temps

– *venir de* + infinitif (passé)

– des questions avec inversion sujet-verbe

8

COMMENT TRAVAILLER...

1 Avant de regarder le film, vous pouvez étudier
- le tableau ci-dessous,
- le résumé photographique de la page 103.

Vous pouvez également regarder le film sans préparation.

les lieux	l'action	Posez-vous des questions.
1 à la gare de Lyon-Perrache	1 	Laurent achète un billet. Pour qui ?
2 dans le bureau de M. Duray	2	Que veut monsieur Duray ?
3 chez Bernard	3	Laurent et Bernard sont en colère. Pourquoi ?
4 à l'hôtel	4 	Pourquoi sont-elles tristes ?

2 Regardez le film.
Observez comment les gens
- essaient de s'influencer,
- expriment leurs émotions.

3 Répondez aux questions de « Avez-vous bien suivi l'histoire ? », page 97.

4 Étudiez les pages 94 à 102 de votre livre en vous servant de la cassette pour réécouter le dialogue et faire les exercices oraux.

5 Faites les exercices des parties A, B et C du Cahier.
Vérifiez vos réponses aux exercices marqués du signe .
Si vos réponses ne sont pas correctes, relisez le dialogue et revoyez la grammaire.

6 Qu'est-ce que vous avez appris ? Qu'est-ce que vous savez faire en français ?

MARTINE SE FÂCHE

Laurent et Bernard sont à la gare de Lyon-Perrache.
Ils font la queue au guichet.
C'est leur tour.
Ils prennent un billet pour Martine.
Il est 17 h 55 et le train d'Annecy part à 18 heures!
Que fait Martine ?

PREMIÈRE PARTIE

A la gare de Lyon-Perrache, Laurent achète un billet pour Martine.

Laurent : ‹ Un aller-retour Annecy, s'il vous plaît. En seconde.

L'employée : Cent cinquante francs.

Laurent : Voilà deux cents francs.

Un homme (dans la queue) : Votre monnaie, Monsieur !

Laurent : Merci. ›

Un homme : Un aller Grenoble, s'il vous plaît.

Dans le bureau de monsieur Duray

M. Duray : ‹ Entrez.

Martine : Bonjour, Monsieur.

M. Duray : Asseyez-vous.
Je vous sers un whisky ?

Martine : Non, non. Un schweppes, s'il vous plaît.

M. Duray : J'ai rendez-vous demain, à Paris, chez Renault.
Et je vous emmène.

Martine : Mais... Je prends le train de six heures pour Annecy !
C'est très important !
Ma famille m'attend...

M. Duray : Vous voulez devenir journaliste ou rester stagiaire ?

Martine : Mais...

M. Duray : Non, je peux aller à Paris seul...
Mais je veux vous apprendre le métier.

Martine : Une autre fois, peut-être...

M. Duray : Les journalistes doivent être très disponibles...

Martine : Vous avez raison ; excusez-moi...

M. Duray : Vous pouvez encore avoir le train d'Annecy...

Martine : Non, non. Ça ne fait rien...
Je vais à Paris avec vous.

M. Duray : Alors, je passe vous chercher demain à sept heures. ›

Dans le bureau de Laurent et Bernard

Martine (au téléphone) : C'est occupé !
Ce téléphone m'énerve !

Sur le quai de la gare

Laurent : Ça y est !
Elle le rate !
Il est pénible, Duray !

Bernard : La voilà !

Laurent (à Martine) : Trop tard.

Martine : Mais j'ai compris.
De toute façon,
je ne pars plus pour Annecy.
J'ai du travail demain.
Bon ! Où y a-t-il une poste ?

Au bureau de poste

L'employé : On va fermer.

Bernard : Oh ! Juste un tout petit télégramme !

L'employée : Bon, faites vite !

Martine : Un télégramme, s'il vous plaît !

L'employée : Vite !

Martine : *(écrivant le texte du télégramme)* :
« Impossible venir Annecy.
Imprévu dernière minute.
Prière m'excuser
auprès cousin Montréal.
Je vous embrasse. Martine.

Adressé à M. et Mme Doucet
2 quai Perrière Annecy
(Haute-Savoie). » Voilà.

L'employée : Ça fait soixante-deux francs, Mademoiselle.

Martine : Voilà. Merci. Merci.

Dans la voiture de Bernard

Bernard : ⟨ Allez, je vous emmène dîner chez moi.

Martine : D'accord... où est-ce ?

Bernard : Oh, pas très loin,
sur les quais du Rhône.

Martine : Je dois me coucher tôt.

Laurent : Dis... Martine... Quand est-ce que tu vas chez tes parents ?

Martine : Lundi prochain.
Je suis de repos.

Bernard : On y va ? ⟩

Chez Bernard

Bernard (à Martine) : ⟨ Tu travailles demain...
Qu'est-ce que tu fais ?

Martine : Je pars pour Paris...
Avec Duray.

Laurent : Avec Duray !

Bernard : Avec Duray ! ⟩

ÉMISSION **8**

MARTINE SE FÂCHE

DEUXIÈME PARTIE

Chez Bernard

Bernard : ⟨Elle part avec Duray. Ça alors !

Laurent : Écoute, Martine. Toi pas pouvoir partir avec Duray. Duray dangereux séducteur !

Bernard : Demain, tu vas dire que tu es malade... que tu ne peux pas partir.

Martine : Mais arrêtez ! Vous êtes pénibles ! Allez, on dîne. A table. ⟩

Martine : Bon, il est tard. Je vais me coucher.

Bernard : Attends encore une minute.

Bernard (à Martine) : Voilà. J'ai commencé au début de l'année... Duray avec une brune... Duray avec une blonde... Duray avec une rousse...

Laurent : Et ça ne t'inquiète pas ?

Martine : J'en ai assez ! Vous m'étouffez. J'ai besoin d'air.

Martine marche sur les quais de Saône. A l'hôtel des Américains, avec madame Legros

Mme Legros : Mais... Qu'est-ce qui se passe ? Allez, entrez...

Martine : ⟨Je ne veux pas vous déranger...

Mme Legros : Vous aimez le thé ?

Martine : Oui ! Beaucoup.

Mme Legros : Vous voulez me dire quelque chose ?

Martine : Non, Madame.

Mme Legros : Alors, moi, je vais vous raconter une histoire. ⟩

Mme Legros : Voilà monsieur Legros. Et voilà l'hôtel des Américains. Un très grand terrain, ici la piscine, là le restaurant à deux étages, l'hôtel et le parc.

Martine : C'est un très bel ensemble !

Mme Legros : Un très bel ensemble !

Martine : Et votre mari est mort.

Mme Legros : Oui. Venez voir maintenant.

Mme Legros : Voilà le terrain !

Martine : Et vous n'avez jamais vu d'Américains ?

Mme Legros : Si. Une fois. Un étudiant... sans argent.

AVEZ-VOUS BIEN SUIVI L'HISTOIRE ?

1 Martine se fâche...

a. parce que monsieur Duray veut l'emmener à Paris.
b. parce que les deux garçons ne veulent pas qu'elle parte.
c. parce qu'elle ne peut pas aller chez ses parents.

2 Mettez les événements dans le bon ordre.

a. Martine rentre seule à son hôtel.
b. Martine décide d'aller à Paris avec monsieur Duray.
c. Madame Legros parle à Martine de ses anciens projets.
d. Bernard montre à Martine des photos de Duray avec des femmes.
e. Martine rate le train d'Annecy.
f. Martine envoie un télégramme à ses parents.

3 Éliminez une phrase qui ne convient pas.

Pour exprimer son exaspération, Martine dit :

a. J'en ai assez.
b. Vous m'étouffez !
c. Ça ne fait rien !
d. Vous êtes pénibles !

Martine veut refuser la proposition de monsieur Duray. Elle peut dire :

e. Je prends le train de six heures.
f. Ça ne fait rien.
g. Ma famille m'attend à Annecy.
h. Une autre fois peut-être.

4 Pour décider Martine à aller à Paris avec lui, M. Duray lui demande

a. si elle veut aller à Paris seule.
b. si elle veut prendre le train d'Annecy.
c. si elle veut devenir journaliste ou rester stagiaire.

5 Vrai ou faux ?

a. Martine prend le train d'Annecy.
b. M. Duray veut apprendre à Martine le métier de journaliste.
c. Martine parle avec ses parents au téléphone.
d. Les trois amis vont dîner chez Bernard.
e. Martine se fâche avec eux.
f. Martine rentre à l'hôtel avec Laurent.

6 Qu'est-ce qu'ils disent ?

ÇA PEUT VOUS ÊTRE UTILE...

A LA GARE

Une jeune fille demande un renseignement à un contrôleur.

- ● Pardon, Monsieur, le train pour Nice, c'est à quelle heure ?
- ■ Il y a un tableau derrière vous.
- ● Mais je ne trouve rien sur votre tableau.
- ■ Alors, allez aux renseignements, guichet 14, mais dépêchez-vous, ça ferme à six heures.
- ● Oh mais, il est six heures et quart !

Le contrôleur sort son horaire et le consulte.

- ■ Bon... alors vous dites Nice ?
- ● Oui, Nice...
- ■ Vous n'avez pas de chance. Le dernier train vient de partir !
- ● Mais j'ai téléphoné à la gare. On m'a dit : « Il y a un train dans la soirée. »
- ■ Oui, mais pas les dimanches, ni les jours de fête...
- ● Qu'est-ce que je fais ?
- ■ Vous pouvez encore prendre l'express de Marseille. A Marseille vous aurez un train pour Nice. Mais dépêchez-vous.

La jeune fille va au guichet.

- ● Un aller simple pour Nice.
- ▲ Première ou seconde ?
- ● Seconde.
- ▲ Deux cent soixante francs.
- ● Deux cent cinquante, soixante.

La jeune fille se dépêche d'aller sur le quai.

Le contrôleur la suit sur le quai et s'adresse à elle.

- ■ Mademoiselle !
- ● Quoi encore ?
- ■ Il faut composter votre billet !

EXPRESSIONS UTILES

Où est le bureau des renseignements ?
le bureau des réservations ?
le guichet 17 ?

Vous avez un horaire Paris-Nice ?
A quelle heure y a-t-il un train pour... ?
Pour aller à... où faut-il changer ?

Je voudrais un billet pour...
Un aller simple ou un aller-retour ?

C'est combien ?
Il y a un supplément à payer.

Donnez-moi une place assise / une couchette / un wagon-lit pour le train Nice-Paris du...

Je voudrais un compartiment fumeur/non fumeur.
Est-ce qu'il y a un wagon-restaurant/une voiture-bar ?
A quelle heure est-ce que le train arrive à... ?

SNCF TGV

SNCF : Société Nationale des Chemins de Fer Français

TGV : Train à grande vitesse

tee

TEE : Trans-europ-express

▶ À VOUS...

Jouez avec votre partenaire.

Vous voulez aller à Nice et vous demandez des renseignements sur les horaires de train.
Ensuite vous allez acheter un billet...

ÉMISSION 8

POUR COMPRENDRE ET POUR VOUS EXPRIMER

JE VOUS EMMÈNE.

1 Exprimer un désir ou une volonté

Je voudrais vous emmener. → *désir*
Je veux vous emmener. → *intention*
Je vais vous emmener. → *intention*
Je vous emmène. → *intention très ferme*

Je vous emmène.

2 Préciser le moment

aujourd'hui | demain — à sept heures

demain matin / à cinq heures

jeudi (prochain)
dans trois jours
la semaine prochaine
dans un mois
l'année prochaine...

▶ Vous avez l'intention de faire quelque chose. Dites quand.

Ex. : Demain, je vais écrire à mes cousins.

3 Savoir refuser

Je ne veux pas.	Ça m'est difficile.
Non, pas question.	Une autre fois, peut-être.
Ce n'est pas possible.	Pas maintenant.
↓	↓
Refus total	Refus ouvert

▶ Quelqu'un vous dit : « Vous dînez avec moi ce soir ? »

Inventez cinq manières de refuser cette invitation de façon aimable.

Trouvez de bonnes excuses.

4 Exprimer le passé récent

venir de + infinitif

Il ne peut plus l'avoir.
Le train vient de partir.

Il vient de dormir
et il n'est pas bien réveillé.

5 Verbes suivis d'un infinitif

1. Je passe chercher Martine.
   Verbe + infinitif
   Autres verbes suivis d'un infinitif : aller, venir, faire, savoir, vouloir, pouvoir, devoir, laisser, aimer, voir, passer.
2. Elle refuse de partir.
   Verbe + *de/d'* + infinitif
   finir de, arrêter de, demander de, essayer de, s'excuser de, oublier de, accepter de, refuser de, se dépêcher de, venir de
3. Il commence à écrire.
   Verbe + *à* + infinitif
   apprendre à, commencer à, penser à

Si vous vérifiez le sens d'un verbe dans votre dictionnaire, n'oubliez pas de regarder s'il est suivi d'une préposition (de ou à).

⚠ Attention à la place du complément.

Il veut *vous* voir.

N'oubliez pas de *leur* envoyer un télégramme.

▶ Complétez les phrases suivantes si c'est nécessaire.

a. Tu lui as demandé ... venir ?
b. Oui, il vient ... me chercher.
c. Et tu dois ... partir avec lui ?
d. Oui, il faut ... être disponible quand on est journaliste.
e. Alors, on la laisse ... partir ?
f. Et puis, vous commencez ... m'étouffer.
g. Vous pouvez ... prendre le train d'Annecy.
h. Ça peut vous coûter cher ... arrêter mes collaborateurs !
i. Vous avez fini ... travailler ?

▶ Pierre a une voiture à réparer. Insistez pour qu'il la répare...

Dis, Pierre, tu peux la réparer ?
Tu sais la réparer ?
Tu veux ... ?
Tu essaies ... ?
Tu dois ... ?
Tu penses ... ?
Tu n'oublies pas ... ?
Tu as fini ... ?

6 Interroger

Il vient demain.

Il vient quand ?

Quand vient-**il** ?

Comment faites-**vous** ?

Vous pouvez interroger en inversant le sujet et le verbe.

⚠ Si le verbe à la 3e personne ne se termine pas par -t ou -d, ajoutez **-t-**.

Où y a-**t**-il une poste ?
A quoi pense-**t**-elle ?

▶ Demandez à un ami :

Ex. : comment il va. → Comment vas-tu ?

a. où il va.
b. d'où il vient.
c. à quoi il pense.
d. où il habite...

APPRENEZ À ÉCOUTER ... ET À DIRE

Faut-il prononcer la lettre e ?

1 Ne prononcez pas :

a. *e* (ou *es*) à la fin des mots.

Écoutez : Je cherch(e). Tu cherch(es). C'est facil(e). des problèm(es) difficil(es) un(e) chos(e) un journalist(e)

⚠ Prononcez *es* [e] dans : les - des - mes - tes - ses - ces

b. *ent* à la 3e personne du pluriel des verbes.

Écoutez : Ils cherch(ent). Ell(es) veul(ent).

Quelles lettres ne se prononcent pas dans cette phrase ?

Les journalistes doivent être disponibles.

2 Vous pouvez ne pas prononcer *e* entre deux consonnes :

un p<u>e</u>tit chien dang<u>e</u>reux

mais prononcez *e* dans la première syllabe d'une phrase :

D<u>e</u>main, il vient à six heures.

3 Les groupes suivants se prononcent souvent de la même manière

je n(e)	Je n(e) viens pas.
de n(e)	Il est content de n(e) pas partir.
j(e) te	J(e) te prie d(e) venir.
c(e) que	Je n(e) sais pas c(e) qu'il fait.
parc(e) que	Je n(e) sors pas parc(e) qu'il fait mauvais temps.

► Soulignez les *e* qui ne se prononcent pas et dites ces phrases à haute voix.

a. Juste un petit télégramme.
b. Je veux vous apprendre le métier.
c. Je dois me coucher tôt.
d. Tu vas dire que tu es malade, que tu ne peux pas partir.

4 Apprenez à observer.

► Quels sont les rapports entre ces personnages ?

– Est-ce qu'ils se regardent en face ?
– Est-ce qu'ils se tiennent près ou loin l'un de l'autre ?
– Quelle attitude ont-ils ?

Répondez en langue maternelle.

8

ÉMISSION **9**

ELLE EST FORMIDABLE !

OBJECTIFS

Découvrir

- **des lieux :** l'imprimerie d'un journal, l'autoroute Lyon-Annecy, une station-service...
- **des gens** qui sont en conflit (Laurent, Bernard et le chef d'atelier), des vendeurs et leurs clients (chez le fleuriste, à la station-service)...

Apprendre

- **à critiquer, à exprimer sa désapprobation**
- **à s'excuser**
- **à informer quelqu'un d'un risque**
- **à s'informer et à donner des renseignements...**

et pour cela, utiliser

- *il faut* + infinitif , l'impératif
- des verbes pronominaux
- le pronom *en*
- *tout, quelque chose, rien, quelqu'un, personne*
- le superlatif des adjectifs

COMMENT TRAVAILLER...

Vous pouvez maintenant choisir seul la façon de travailler qui vous convient le mieux. Vous pouvez également suivre la démarche suivante :

1 Lisez les objectifs proposés page 104.
Regardez le tableau ci-dessous.

les lieux	l'action	Posez-vous des questions.
1 à l'imprimerie du journal	1	Ils ne sont pas contents. Qu'est-ce que vous pouvez imaginer ?
2 au journal	2	À quoi, ou à qui, est-ce qu'ils pensent ?
3 chez le fleuriste	3	Pour qui sont ces fleurs ?
4 à Annecy	4	Où vont-ils ?

2 Regardez le film en recherchant :
- les moments montrés dans le tableau ci-dessus,
- les passages où les personnages critiquent, s'excusent, demandent ou donnent des renseignements...

3 Étudiez en détail le texte du dialogue (pages 106 à 108) en vous servant de la cassette sonore.

4 Répondez aux questions de « Avez-vous bien suivi l'histoire ? » (page 109) et à celles de la partie A, « Observez le film et vous comprendrez », du Cahier.

5 Étudiez les pages 106 à 114 de votre livre.
Faites les exercices des parties B et C du Cahier.
Vérifiez vos réponses aux exercices marqués du signe 🔑

6 Si vous avez un magnétoscope, revoyez le film. Sinon, réécoutez votre cassette sonore.

7 Est-ce que vous comprenez « tout », maintenant ?
Est-ce que vous pouvez répéter avec naturel et rapidité ?
Qu'est-ce que vous avez appris en travaillant cette émission ?

ÉMISSION **9**

ELLE EST FORMIDABLE !

À l'imprimerie du journal, le chef d'atelier est surpris de voir arriver Bernard et Laurent très tôt le matin. Les deux amis ne sont pas de bonne humeur !

PREMIÈRE PARTIE

À l'imprimerie du journal

Le chef d'atelier : Vous ? Un lundi à sept heures et demie ? Vous êtes tombés du lit !

Laurent : On veut voir l'épreuve pour le concours !

Le chef : L'épreuve de la page douze. Venez, c'est là...
⟨ Alors Duray est monté à Paris avec la nouvelle stagiaire ?

Bernard : Ça veut dire quoi ? À quoi pensez-vous ? Dites-le.

Le chef : Je ne pense à rien du tout.

Laurent : Alors taisez-vous !

Le chef : Bon. Ça va. J'ai compris.
Je ne dis plus rien.

Bernard : Quant à Martine, elle a terminé son travail à Paris.
Elle est maintenant à Annecy dans sa famille.

Laurent : Pas fameux !

Le chef : Vous alors, quand vous vous levez tôt !

Bernard : Ces deux photos ne sont pas à leur place, et celle de gauche est un peu noire.

Laurent : C'est plat.
Rien ne ressort,
variez un peu !
Ne laissez pas tant d'espace entre les titres et les textes.

Le chef : Bon, ça va.
Je m'en occupe.
Vous pouvez revenir dans deux heures.

Laurent : D'accord, on revient à dix heures.
Mais vraiment, votre travail... ⟩

Dans le bureau

Bernard : Martine, j'ai fait l'imbécile, l'autre soir... Je te demande pardon ! Écoute... Il faut que je te voie. J'ai à te parler. Je pars pour Annecy.

Voix : Et n'oublie pas d'apporter des fleurs !

Bernard : C'est ça ! Un gros bouquet de fleurs !

Laurent écrit : Mon cher Bernard, j'ai beaucoup réfléchi. Je pars pour Annecy voir Martine. Peux-tu t'occuper de la page douze ? Amicalement, Laurent.

Chez un fleuriste

La fleuriste : Vous y voyez suffisamment ?

Bernard : Ça va... oui... ça... ça va.

Une jeune femme : Oh merci ! Merci, merci ! C'est très très gentil !

Bernard : Bon...

Au garage

Laurent : Vous avez vérifié l'allumage ?

Le mécanicien : Elle tourne comme une montre suisse !

Laurent : Il y a des travaux sur l'autoroute d'Annecy ?

Le mécanicien : Oui oui, il y en a. Faites attention !

Laurent : Comment je la prends d'ici ?

Le mécanicien : Prenez la rue de la Guillotière, l'avenue Jean Mermoz. Vous allez voir l'hippodrome à droite. Après, c'est tout droit. Vous ne la connaissez pas ? C'est la plus belle autoroute de France.

Laurent : Oui... oui, je la connais... Magnifique... Je peux partir ?

Le mécanicien : Il me faut encore dix minutes.

Chez un autre fleuriste

Une voix : Ce bouquet est ridicule !

Laurent : C'est exact.

Combien ?

Le fleuriste : Cent francs, Monsieur.

Laurent : Au revoir.

Le fleuriste : Merci.

ELLE EST FORMIDABLE !

DEUXIÈME PARTIE

À la barrière de péage de l'autoroute Lyon-Annecy

Bernard : Ça marche, les affaires ?

L'employée : Moins que le week-end.

Bernard : Au revoir.

L'employée : Au revoir.

À une station-service

Bernard : 〈Vous pouvez vérifier la pression des pneus ?

Le pompiste : Oui, Monsieur.
Il y a un bruit de transmission.
Il faudrait faire réparer ça !

Bernard : Je peux aller jusqu'à Annecy quand même ?

Le pompiste : Annecy ? Vous pouvez toujours essayer. Mais l'autoroute est encombrée.
Ils l'ont dit à la radio.
Tiens, il est dix heures.
Si vous voulez savoir, tournez le bouton.

La radio : Après la météo, passons aux problèmes de circulation.
A la suite du violent orage de ce matin, trois poids lourds se sont télescopés sur l'autoroute A 43, à environ 12 km d'Annecy.
Il y a trois kilomètres de retenue.

Bernard : Oui, vous avez raison.

Le pompiste : Vous sortez de l'autoroute à Allens
puis vous prenez la nationale 201 !

Bernard : Merci du renseignement.

Le pompiste : De rien, Monsieur.
Pour les pneus, c'est là-bas. 〉

Au péage de l'autoroute Lyon-Annecy

L'employée : Bonne journée !

Laurent : Merci.

Au bord de l'autoroute

Laurent : 〈Pour une fois,
c'est toi qui tombes en panne...

Bernard : C'est la transmission.

Laurent : Tu sais, la mécanique et moi...

Bernard : Dis donc, je vais à Annecy.
Tu m'emmènes...

Laurent : Devine ! Moi aussi, je vais à Annecy ! 〉

À Annecy

Bernard : On va donner nos fleurs à madame Doucet.

Laurent : Euh...

Bernard : Quoi ?

Laurent : On n'est pas un peu ridicules ?

Laurent : Elles sont bien, là, non ?

Bernard : Parfait.

Laurent : Pardon, Monsieur, le magasin d'antiquités « Au passé simple », s'il vous plaît.

Le monsieur : Oui, c'est une boutique jaune au bord du canal, à gauche.

Laurent : Merci...

AVEZ-VOUS BIEN SUIVI L'HISTOIRE ?

1 Laurent et Bernard se retrouvent...

a. chez les parents de Martine.
b. sur l'autoroute.
c. au bureau.

2 Mettez les événements dans le bon ordre.

a. Laurent et Bernard demandent où est le magasin des Doucet.
b. Laurent va chez un garagiste.
c. Laurent et Bernard décident de partir pour Annecy.
d. Laurent et Bernard se fâchent contre le chef d'atelier.
e. Bernard achète des fleurs pour Martine.
f. Laurent emmène Bernard dans sa voiture.

3 Éliminez une phrase qui ne convient pas.

Si vous voulez critiquer, vous pouvez dire :

a. Pas fameux !
b. C'est vraiment remarquable !
c. Vraiment, votre travail...
d. C'est sans intérêt.

Pour informer d'un risque, le garagiste dit :

e. Faites attention !
f. Il faudrait faire réparer ça.
g. Il me faut encore dix minutes.
h. Annecy ? Vous pouvez toujours essayer !

4 Éliminez deux phrases qui ne conviennent pas.

Voilà ce qu'on peut entendre chez un garagiste :

a. Le moteur tourne bien.
b. Il y a un bruit de transmission.
c. Vous avez l'épreuve du concours ?
d. Vous pouvez vérifier la pression des pneus ?
e. N'oubliez pas d'apporter des fleurs.
f. D'accord, je m'en occupe.

5 Vrai ou faux ?

a. Il n'y a pas de travaux sur l'autoroute d'Annecy.
b. Laurent dit à Bernard : « N'oublie pas d'apporter des fleurs. »
c. Bernard écrit une petite lettre à Laurent.
d. Bernard offre des fleurs à une de ses amies.
e. Bernard et Laurent jettent leurs fleurs avant d'arriver chez les Doucet.

6 Qu'est-ce qu'ils disent ?

ÇA PEUT VOUS ÊTRE UTILE...

sur l'autoroute

**Une auto s'arrête à un péage de l'autoroute du sud.
La conductrice appuie sur un bouton, et prend le ticket qui sort de la machine.**

■ Passe-moi le ticket.
Où est-ce que nous sommes entrés ?
A Avignon-Sud ?
● Non, à Avignon-Nord.
■ Et nous sortons où ?
● A Lyon, si j'ai assez d'essence.
■ Ne prenons pas de risque.
Il y a une station-service
à dix kilomètres. Arrête-toi.

Ils s'arrêtent à une station-service.

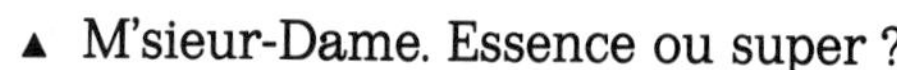

▲ M'sieur-Dame. Essence ou super ?
● Super... le plein.
▲ Je vérifie les niveaux... huile... eau ?
● Non, ce n'est pas la peine.
▲ Ça fait 250 francs.
● Vous acceptez les cartes de crédit ?
▲ La Carte Bleue seulement, madame.
● Voilà, 250 francs. C'est tout ce qui me reste.
▲ Merci, bonne route !
● Mais dis-moi, comment est-ce qu'on va faire pour sortir de l'autoroute ? Il faut payer le péage !
■ Ne t'inquiète pas. J'ai ce qu'il faut.
● Heureusement, chéri...
Qu'est-ce qu'elle serait, la vie, sans toi...

LES AUTOROUTES FRANÇAISES

LIMITES DE VITESSE EN FRANCE

sur autoroute

sur route

dans les villes et les villages

EXPRESSIONS UTILES

Où est-ce qu'il y a un garage ?
une station-service ?
une gendarmerie ?

Faites le plein d'essence, s'il vous plaît.
Donnez-moi 20 litres d'essence/de super.
Voulez-vous vérifier l'huile ?
l'eau ?
la pression des pneus ?

Voulez-vous nettoyer le pare-brise ?

Est-ce que vous pouvez réparer ce pneu ?
changer la roue ?

Vous pouvez venir me dépanner ?

► À VOUS...

- Vous vous arrêtez à une station-service. Vous voulez faire vérifier l'huile, les pneus...
- Vous êtes en panne. Vous téléphonez à un garage. Dites ce que vous avez, où vous êtes...
- Demandez à votre partenaire comment on peut aller de ... à ... par l'autoroute, quelle est la distance, par quelles villes il faut passer...

POUR COMPRENDRE ET POUR VOUS EXPRIMER

1 Interroger

Vous pensez à quelque chose.

À QUOI ?

À QUOI est-ce que vous pensez ?
pensez-vous ?

⚠ On peut toujours employer **est-ce que.**

▶ En vacances, à quoi est-ce que vous pensez ?
A quoi est-ce que vous vous intéressez ?
A qui est-ce que vous parlez ?...
Écrivez cinq choses que vous faites en vacances, puis interrogez votre partenaire.

2

tout
quelque chose ≠ **rien**

Rien ne ressort.
Je ne vois rien.

⚠ Je **n'**ai **rien** vu.

tous/toutes
quelqu'un ≠ **personne**

Personne n'est là.
Je ne vois personne.

⚠ Je **n'**ai vu **personne.**

▶ On vous interroge au sujet d'un accident, mais vous n'avez rien vu.

Ex. : Vous avez entendu quelque chose ?
– Non, je n'ai rien entendu.

a. Vous avez parlé à quelqu'un ?
b. Vous avez remarqué quelque chose ?
c. Vous avez vu quelqu'un ?
d. Vous avez téléphoné à quelqu'un ?
e. Vous avez tout regardé ?

---

3 Critiquer, exprimer sa désapprobation

Vous pouvez exprimer votre désapprobation

– avec des mots

Pas fameux !
Rien ne ressort.
C'est plat.

– par l'intonation

Vraiment, votre travail...
Vous la trouvez bien, cette page ?

▶ Ce texte s'adresse à Laurent et à Bernard. Soulignez les expressions qui expriment la désapprobation.

Vous ne trouvez pas que vous êtes un peu ridicules ?

Regardez. On ne voit pas Bernard derrière son bouquet !
Pas fameuse, votre idée ! Et vos fleurs, elles ne sont pas très belles. Il y en a trop.

Vraiment, ça ne va pas ! Qu'est-ce qu'ils vont en penser, les Doucet ?

4 Quelques verbes pronominaux

se lever — **se** coucher
s'excuser — **s'**informer

⚠ Passé composé avec *être* :

Ils se lèvent. — Ils se sont levé**s**.

Tu t'excuses. — Tu t'es excusé**(e)**.

Le participe passé s'accorde avec le sujet.

▶ Ça s'est déjà passé !
Transformez les phrases.

Ex. : Bernard et Laurent vont s'occuper de la page 12.
→ Ils s'en sont déjà occupés.

a. Sophie, Patricia et Martine vont se rencontrer.
b. Bernard et Laurent vont s'excuser.
c. Martine va se promener.

5 Exprimer l'obligation

Vous connaissez déjà :

devoir + infinitif : Je dois partir.
avoir à + infinitif : J'ai à travailler.

Vous pouvez également utiliser :

il faut + infinitif : Il faut faire de l'exercice.

▶ Qu'est-ce qu'il faut faire dans la vie ?

Ex. : Il faut rencontrer des gens intéressants.
Et aussi...

6 « En », pronom

en = **de** + nom

Le pronom **en** remplace :

– des expressions de quantité

Vous voulez **du chocolat ?**
– Oui, j'**en** veux.
Combien de livres avez-vous ?
– J'**en** ai trois.

– des compléments précédés de **de** :

Tu viens **de Strasbourg ?**
– Oui, j'**en** viens.

▶ Avez-vous bien observé ?

Ex. : Bernard n'a pas d'appareil photo ?
– Si, il en a un.

a. Laurent n'a pas de voiture ?
b. Laurent n'a pas acheté de fleurs ?
c. Bernard n'a pas eu de panne ?
d. Le chef d'atelier ne s'est pas occupé de la page 12 ?

7 Comparer (le superlatif)

le plus/la plus
les plus + adjectif

C'est la plus belle autoroute de France.

		comparatif		*superlatif*
⚠	bon	meilleur	→	le meilleur
	bien	mieux	→	le mieux

▶ C'est le plus beau !
Pensez à ce qu'il y a de mieux dans votre pays, à une haute montagne, à une belle route, à un bon vin, à une grande usine, à un beau monument...

Ex. : Les musées de Munich sont les plus beaux d'Allemagne.

ÉMISSION **9**

APPRENEZ À ÉCOUTER ... ET À DIRE

Les consonnes françaises

1 **Lisez les mots ci-dessous. Ces mots sont tous différents.**
► Écoutez et comparez les deux mots de chaque ligne.
Quels sont, dans chaque cas, les sons différents ?

Ex. :	pot	beau
	a. tout	doux
	b. quand	gant
	c. ils sont	ils ont
	d. des chats	déjà

---

2 **Lisez les mots suivants, puis écoutez-les.**
on - en - montrer - comment - imbécile - compris

► Est-ce que vous entendez les consonnes M et N ?
Qu'est-ce que vous entendez ?

---

3 **Les consonnes doubles (nn, mm, ll, pp...) se prononcent comme les consonnes simples.**

apporter - pardonner - allumage - vous allez - elle est belle

---

4 **Les consonnes ne se prononcent pas en fin de mot.**

Écoutez : gran(d) - cha(ts) - tou(t)
sauf
- – c un sac chi**c**
- – f neu**f**
- – l be**l**
- – r sur une fleur (mais -er = é dans chanter, premier...)

---

5 **La lettre h ne se prononce pas.**

C'est l'(h)eure.
Aujourd'(h)ui

⚠ ph = f une photo
ch = ʃ un chat

► Vous allez entendre une série de mots terminés par un son de consonne.
Mettez une croix dans la case de la consonne que vous entendez.

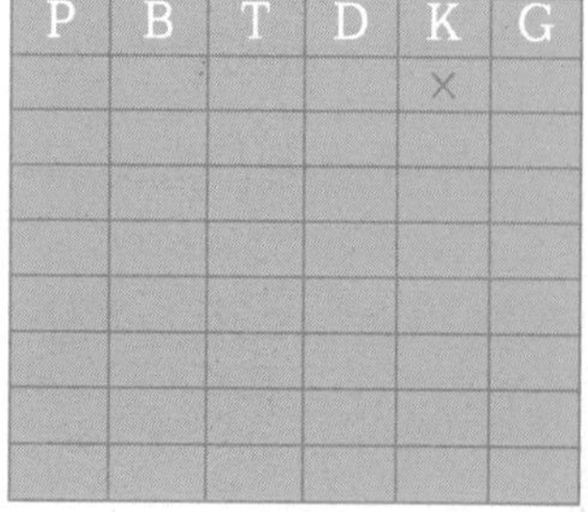

	P	B	T	D	K	G
a. banque					×	
b. route						
c. superbe						
d. boutique						
e. coupe						
f. raide						
g. digue						
h. attrape						

9

ÉMISSION 10

UNE PETITE VILLE BIEN TRANQUILLE

OBJECTIFS

Découvrir

- **des lieux :** Annecy, une ville de province très pittoresque, l'intérieur d'une maison bourgeoise
- **des gens** en famille, avec leurs habitudes, leurs souvenirs et leur sens de l'hospitalité

Apprendre

- **à s'excuser**
- **à dire comment on se sent**
- **à offrir de l'aide**
- **à faire des compliments à une maîtresse de maison**
- **à raconter et à décrire** (au passé)
- **à demander des conseils à un pharmacien et à acheter des médicaments**

et pour cela, utiliser

– le passé composé et l'imparfait

– *Que* + phrase ! *Que de* + nom !

– *avoir mal à* + noms des parties du corps

– *C'est ... qui ..., c'est ... que ...*

COMMENT TRAVAILLER...

1 Avant de regarder le film, pensez à la situation suivante : vous faites du tourisme dans un pays où on parle français et quelqu'un dans votre groupe tombe malade. Quelles expressions faut-il connaître pour se faire soigner ?

2 Regardez le tableau ci-dessous.

les lieux	l'action	Posez-vous des questions.
1 à Annecy dans le canal !	1 	Qu'est-ce qui va lui arriver ?
2 chez les Doucet	 2	Comment Bernard et Laurent sont-ils accueillis ?
3 à l'hôpital	3 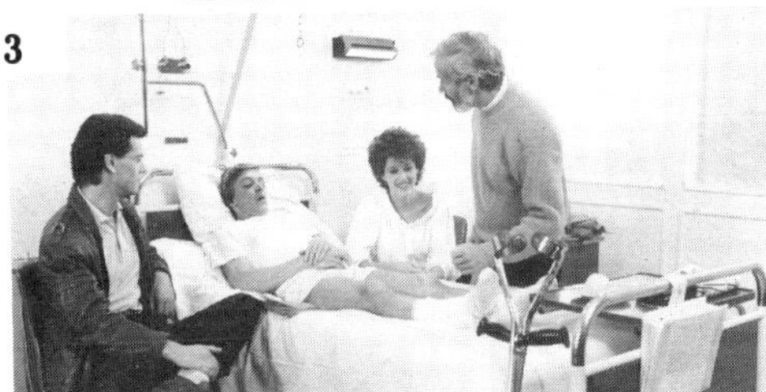	Est-ce qu'on va l'opérer ?

Pouvez-vous imaginer l'histoire ?

3 Regardez le film.

4 Étudiez les pages 118 à 121 de votre livre.
Faites les exercices de la partie A, « Observez le film et vous comprendrez », du Cahier.

5 Regardez le dialogue « Chez le pharmacien », écoutez-le sur la cassette et étudiez les pages 122 et 123. Notez les expressions utiles et faites les exercices.

6 Revoyez et/ou relisez les émissions précédentes et recherchez des expressions utiles au touriste.

7 Qu'avez-vous appris dans cette émission ? Que savez-vous « faire » en français ? Est-ce que vous avez atteint les objectifs proposés en page 116 ?

ÉMISSION

10 UNE PETITE VILLE BIEN TRANQUILLE

Laurent et Bernard sont arrivés à Annecy.
Ils cherchent la maison des Doucet. Soudain, ils entendent la voix de Martine. Ils voient Martine à sa fenêtre, de l'autre côté du canal...

PREMIÈRE PARTIE

Voix : Laurent et Bernard cherchent la maison des parents de Martine.

Au bord du canal, en face de la maison des Doucet

Martine : Ohé ! Bernard, Laurent ! Bernard !

Bernard : Martine !... Tu vas bien ?

Martine : Très bien !

Laurent : On arrive !

Bernard : On a été bêtes, l'autre soir !

Martine : N'en parlons plus !

Bernard : Comment ?

Martine : Faites le tour...

Bernard : Comment ? J'entends rien... Comment ?

Martine : Bernard !

Chez les Doucet

Martine : 〈Tu as mal ?

Bernard : Oui, un peu, au pied.

Laurent : Tiens, viens là. Comment tu te sens ?

Bernard : Pas très bien.

Martine : Tu es trempé, il faut te changer ! Bouge pas ! 〉

Dans la salle à manger

Mme Doucet : 〈Bonjour...

Laurent : Bonjour...

Martine : Vous vous souvenez de lui ?

Mme Doucet : Naturellement.

M. Doucet : Il n'a pas tellement changé ! 〉

Mme Doucet : Allez, asseyez-vous.

Martine : Ah ! Bernard Travers, mes parents.

Mme Doucet : Bonjour.

Bernard : Bonjour, Madame.

M. Doucet : Bonjour.

Bernard : Bonjour, Monsieur.

Martine : Il s'évanouit !

M. Doucet : Du cognac !

Laurent : La chaise !

Mme Doucet : De l'eau de Cologne, plutôt !

Martine : Tiens !

Laurent : Mais non, une bonne gifle !

Martine : Mais, Laurent !

Mme Doucet (à Martine) : Mais qu'est-ce que tu fais ?

Martine : Ben, je ne sais pas...

Bernard : Ça commence bien, ce séjour à Annecy, tiens !

Dans la chambre de Martine

Martine : Voilà ma chambre.

Laurent : C'est bien.

M. Doucet : Elle n'a jamais eu de poupées.

Martine : J'ai toujours voulu être pilote de rallye.

M. Doucet : Elle était bien mignonne en tout cas !

Martine : Oh, papa !

À table

Bernard (à Mme Doucet) : ⟨ Je suis désolé. Nous nous invitons et, en plus, nous faisons les imbéciles...

Mme Doucet : Oh, mais ne vous excusez pas ! Moi, je suis contente de vous connaître.

(à Martine) : J'ai besoin de toi une minute. Tu viens m'aider...

Dans la cuisine

Martine : Alors, ton impression ?

Mme Doucet : J'aime bien Bernard. ⟩

À table

Bernard : ⟨ C'est toi qui fais la cuisine ?

M. Doucet : Pour la cuisine, elle a encore des progrès à faire. N'est-ce pas, Martine ?

Martine : Ce n'est pas l'essentiel de nos jours.

Laurent : En tout cas, c'est délicieux.

M. Doucet (à Bernard) : Vous vous sentez mieux maintenant ?

Bernard : Franchement, j'ai assez mal.

M. Doucet : Je vais vous emmener à l'hôpital. Venez, je vais vous aider. ⟩

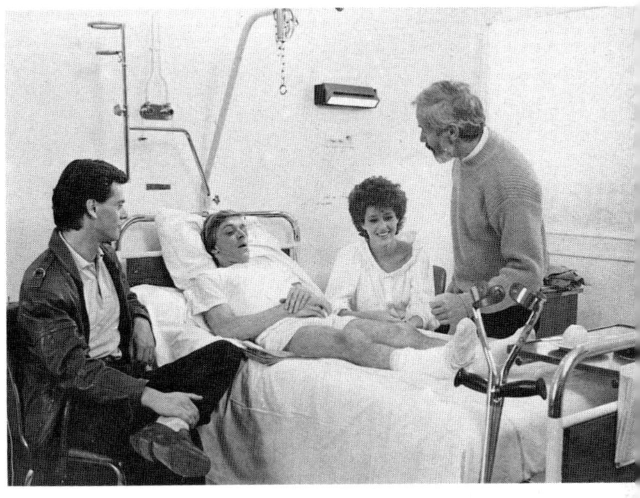

À l'hôpital, dans la chambre de Bernard

Bernard : Entrez !

Martine : ⟨ Alors, tu as passé une radio ?

Bernard : Oui, on peut partir. Tu vois, je m'évanouis pour rien !

(On frappe.)

Bernard : Entrez !

Laurent : Ton pied est comment ?

Bernard : On le coupe demain.

Martine : Il n'a rien !

Laurent (à Martine) : Alors, ton voyage à Paris ?

Martine : En fait, le rendez-vous chez Renault était sans intérêt.

Bernard : Duray, il voulait seulement parler avec toi, en voiture...

Martine : Et quelle voiture, si vous saviez... ⟩

ÉMISSION

10 UNE PETITE VILLE BIEN TRANQUILLE

Dans la voiture de M. Duray, sur l'autoroute de Paris

L'employée : Merci. Quatre-vingt-douze francs, s'il vous plaît.

M. Duray : Voilà.

L'employée : Merci bien.

M. Duray : Depuis votre arrivée, j'ai beaucoup apprécié votre intelligence.

Martine : C'est vrai ?

M. Duray : Beaucoup de gens sont incapables d'évoluer. Or il faut que le journal évolue.

Martine : Je vous écoute.

M. Duray : ⟨ Si tout se passe bien, un *Lyon-Matin Hebdo* paraîtra prochainement, chaque semaine, dans ces villes : Nice, Marseille, Toulouse et Bordeaux !

Martine : Un hebdo régional et bon marché !

M. Duray : Mais exactement... C'est tout à fait ça.

À l'hôpital, dans la chambre de Bernard

Laurent : En noir et blanc, le *Lyon-Matin Hebdo* ?

Martine : Oui, pour l'essentiel. Je crois qu'il pense à moi pour le bureau de Nice.

Bernard : Bravo, Martine.

Martine : Attendez ! Ce n'est pas encore fait ! ⟩

(Le téléphone sonne.)

Laurent (à Martine) : Allô ? Oui. C'est ton père.

Martine : Allô Papa ? Nous t'attendons ! Monte !

Bernard : Entrez !

M. Doucet : ⟨ Comment va le blessé ?

Bernard : Beaucoup mieux. Merci, Monsieur.

Martine : Ça va ?

Bernard : Oui.

Martine (à Bernard) : Dis, Bernard... Maintenant que tu es remis, on peut aller faire un tour en Suisse, c'est tout près...

M. Doucet : En Suisse ! Allez voir les Vademant à Neuchâtel, ce sont de grands amis. Ils vous recevront très bien !

Martine : Papa, tu es adorable ! ⟩

Laurent : Bon, on y va. Attends, je vais t'aider.

Bernard : Ça va, ça va.

Une employée: Oh, mon Dieu ! Oh la la !

Martine : T'as mal ?

Chez les Doucet, « Tout est bien qui finit bien. »

M. Doucet : Eh bien, bon reportage en Suisse, malgré tout !

Mme Doucet : Et soyez prudents !

1 Choisissez la bonne réponse.

Bernard a passé une radio et

a. on va lui couper le pied.
b. il n'a rien.
c. il va rester à l'hôpital.

Bernard tombe à l'eau

d. parce qu'il ne fait pas attention.
e. Il fait attention mais il s'avance trop.
f. parce qu'il veut jouer.

2 Mettez les événements dans le bon ordre.

a. Bernard tombe à l'hôpital.
b. Les trois amis décident d'aller faire un tour en Suisse.
c. Monsieur Doucet emmène Bernard à l'hôpital.
d. Bernard tombe et se fait mal au pied.
e. Martine parle à Bernard et à Laurent de son voyage à Paris.
f. Martine présente Bernard et Laurent à ses parents.

3 Qu'est-ce qu'il faut dire ?

Pour demander à quelqu'un de répéter, vous dites :

a. N'en parlons plus.
b. Comment ?
c. Qu'est-ce que vous avez ?

Pour demander à un ami de ses nouvelles, vous dites :

d. Ton impression ?
e. Tu te sens mieux maintenant ?
f. Tu n'as pas changé !

4 Qui dit les phrases suivantes ?

a. Une bonne gifle !
b. Je suis contente de vous connaître.
c. Franchement, j'ai assez mal.
d. Quelle voiture, si vous saviez !
e. Il faut que le journal évolue.
f. Je crois qu'il pense à moi pour le bureau de Nice.

5 Vrai ou faux ?

a. Bernard doit se changer parce qu'il est trempé.
b. Martine voulait être pilote de rallye.
c. Madame Doucet n'aime pas Bernard.
d. Martine fait très bien la cuisine.
e. Monsieur Duray veut créer un hebdomadaire régional.
f. Bernard a passé une radio.

6 Qu'est-ce qu'ils disent ?

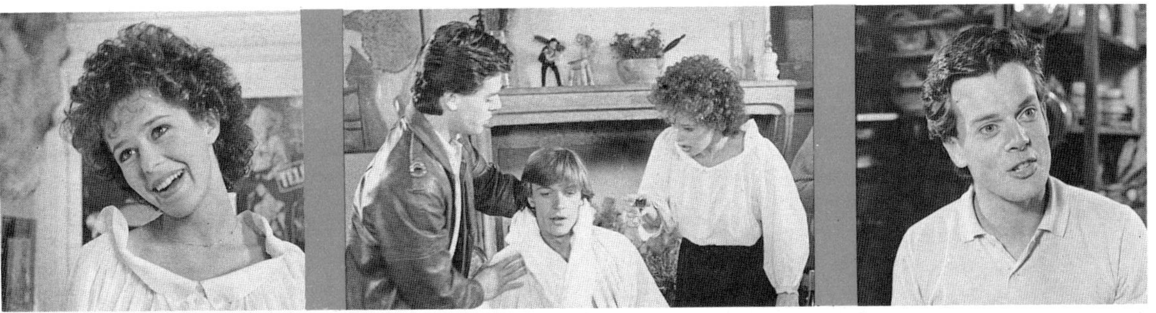

ÇA PEUT VOUS ÊTRE UTILE...

CHEZ LE PHARMACIEN

Une femme entre dans une pharmacie.

- ■ Bonjour, mademoiselle.
- ● Bonjour, monsieur.
  Dites, vous pourriez m'aider ?
  J'ai attrapé froid, j'ai un gros rhume.
  Vous pourriez me donner un sirop ou...
- ■ Vous toussez ?
- ● Oui, surtout le soir.
- ● Vous avez de la fièvre ?
- ● Je ne crois pas, mais j'ai mal à la tête.
- ■ Voilà : alors, le sirop c'est pour la toux et les bronches, et les cachets vont s'occuper de votre mal de tête... mais ne les prenez pas le soir, à cause de la vitamine C !
- ● Merci, monsieur : je vous dois combien ?
- ■ Quatre-vingts francs. Et si ça ne va pas mieux dans un ou deux jours, allez voir un médecin. Car avec le plus petit rhume, il faut toujours se méfier des complications...
- ● Encore une question.
- ■ Je vous en prie.
- ● Je peux fumer ?
- ■ Il est plus prudent d'arrêter...
- ● Oh, juste une ou deux ?
- ■ C'est vous qui décidez.
- ● Merci, monsieur. Au revoir.
- ■ Au revoir, mademoiselle.

La dame sort et le pharmacien... allume une cigarette.

Vous cherchez une pharmacie ?

Vous cherchez un médecin ?

Docteur Jean SAUVE
Médecine générale
Lundi, Mardi, Mercredi, Jeudi, Vendredi, de 14 h à 18 h et sur rendez-vous

EXPRESSIONS UTILES

Qu'est-ce qu'il y a ?
Qu'est-ce qui ne va pas ?
Vous avez mal où ?

Il a mal partout !

Il a mal à la tête.
... au bras
... au coude
... à la main

Il a mal au ventre.
... à la jambe gauche
... au genou
... au pied

Il a un gros rhume.
... la grippe
... une bronchite

Vous avez de la fièvre ?
Vous avez pris votre température ?
Oui, j'ai 39.

Vous toussez ?
Oui, je tousse beaucoup.

Voilà votre ordonnance.
Prenez ces comprimés
– deux / trois fois par jour
– avant / après les repas
– le matin et le soir
– avec de l'eau.

DOCTEUR J. SIMON

41 40 39 38 37 36 35

► À VOUS...

Vous toussez et vous allez chez un pharmacien acheter un remède.
Jouez la scène avec votre partenaire.

POUR COMPRENDRE ET POUR VOUS EXPRIMER

1 Présenter des excuses

Excusez-vous :

Excusez-moi.
Pardon.
Pardonnez-moi.
Je suis désolé(e).

Donnez une raison :

On a été bêtes.
On a fait les imbéciles.
C'était stupide.

Pardonnez :

Ce n'est rien.
Ça ne fait rien.
N'en parlons plus.
Oublions tout ça.

▶ Vous vous trouvez dans les situations suivantes.
Présentez vos excuses.
Trouvez des justifications.

a. Vous venez de casser un verre.
b. Vous vous êtes trompé(e) de numéro de téléphone.
c. Vous n'avez pas de papiers et un agent vous les demande.
d. Vous avez été la cause d'un petit accident de voiture.

2 Insister sur un mot ou une expression

Comparez :
- Martine fait la cuisine.
  → *simple constatation*
- **C'est Martine qui** fait la cuisine.
  (Et pas sa mère) → *insistance*

- Tu fais la cuisine ?
  Oui/Non.
- **C'est toi qui** fais la cuisine ?
  Oui, c'est moi.
  Non, c'est ma mère.

⚠ Attention à l'accord du verbe.
C'est **Laurent et Bernard qui** s'excus**ent.**

▶ Est-ce que vous souvenez de l'histoire ?

Ex. : C'est Laurent qui s'est évanoui ?
– Non, ce n'est pas lui.

a. C'est monsieur Doucet qui s'est fait mal au pied ?
b. C'est Martine qui a fait la cuisine ?
c. C'est monsieur Doucet qui a emmené Bernard à l'hôpital ?
d. C'est Laurent qui a donné une gifle à Bernard ?
e. C'est monsieur Duray qui est allé à Paris avec Martine ?

3 Exprimer son opinion, ses sentiments

Pour exprimer vos sentiments, vous pouvez dire :

Que c'est beau ! Que je suis malheureux !	**QUE** + phrase
Que de souvenirs !	**QUE DE** + nom
Quelle (belle) promenade !	**QUEL(LE)** + nom

▶ Exprimer vos réactions, vos sentiments, vos jugements sur l'histoire et les personnages.

Utilisez :
amusant / ridicule / ennuyeux / intéressant / bête / intelligent / stupide / rapide / lent...

Ex. : Que Bernard est amusant !

4 Raconter et décrire des événements passés

Utilisez : **le passé composé**

pour rapporter une série d'événements passés.

Laurent a écrit une lettre.
Il est allé dans le bureau.
Bernard a eu une panne sur l'autoroute.

l'imparfait

pour décrire des circonstances, un état.

Bernard était en panne.
Sa voiture ne marchait pas.
Il avait un bouquet de fleurs.

▶ Racontez ce qui s'est passé dans l'émission 9.

▶ Comment étaient-ils ?

Ex. : Bernard avait mal.
Martine était heureuse.

a. Bernard et Laurent / désolés
b. Madame Doucet / heureuse
c. Monsieur Doucet / inquiet pour Bernard

▶ Comparez les phrases suivantes :

a. Hier, quand je suis sorti, il faisait beau.
b. Hier, il a fait beau quand j'étais chez Martine.

c. Quand Martine et Laurent étaient chez Bernard, le téléphone a sonné.
d. Quand Martine et Laurent sont entrés chez Bernard, le téléphone sonnait.

Qu'est-ce que vous comprenez dans chaque cas ?
Quel est l'événement ? Quelle est la circonstance ?

APPRENEZ À ÉCOUTER ... ET À DIRE

1 Les groupes de consonnes

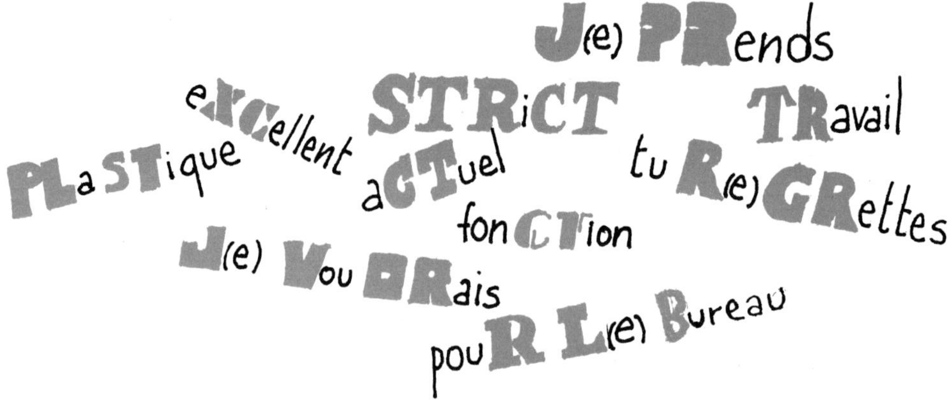

Les groupes de consonnes sont très nombreux en français.
Quand la lettre *e* n'est pas prononcée, on entend par exemple :

- db Que d(e) bons souvenirs !
- dl Vous vous souvenez d(e) lui ?
- dp Elle n'a jamais eu d(e) poupées.
- dt J'ai besoin d(e) toi.
- dv Heureux d(e) vous connaître.
- zv J(e) vais vous aider, etc.

 ▶ Écoutez et écrivez les groupes de consonnes que vous entendez.

Ex. : Je viens. zv

a. beaucoup de travail
b. Je te vois.
c. pour le bureau de Nice
d. de l'eau de Cologne
e. la rue de Paris

2 Avez-vous remarqué ?

Il prend le train ce soir.
Pren*d*-il le train ce soir ?

On entend un T.

Il va à Paris.
Va-*t*-il à Paris ?

On ajoute un T.

 ▶ Transformez les phrases suivantes.

Ex. : Elle a des souvenirs.
→ A-t-elle des souvenirs ?

a. Elle viendra par le train.
b. Il arrivera à six heures.
c. Elle va en Italie.
d. Il a une voiture.

3 Qu'il est gentil !

Elles parlent de Bernard.
Qu'est-ce qu'elles se disent ?

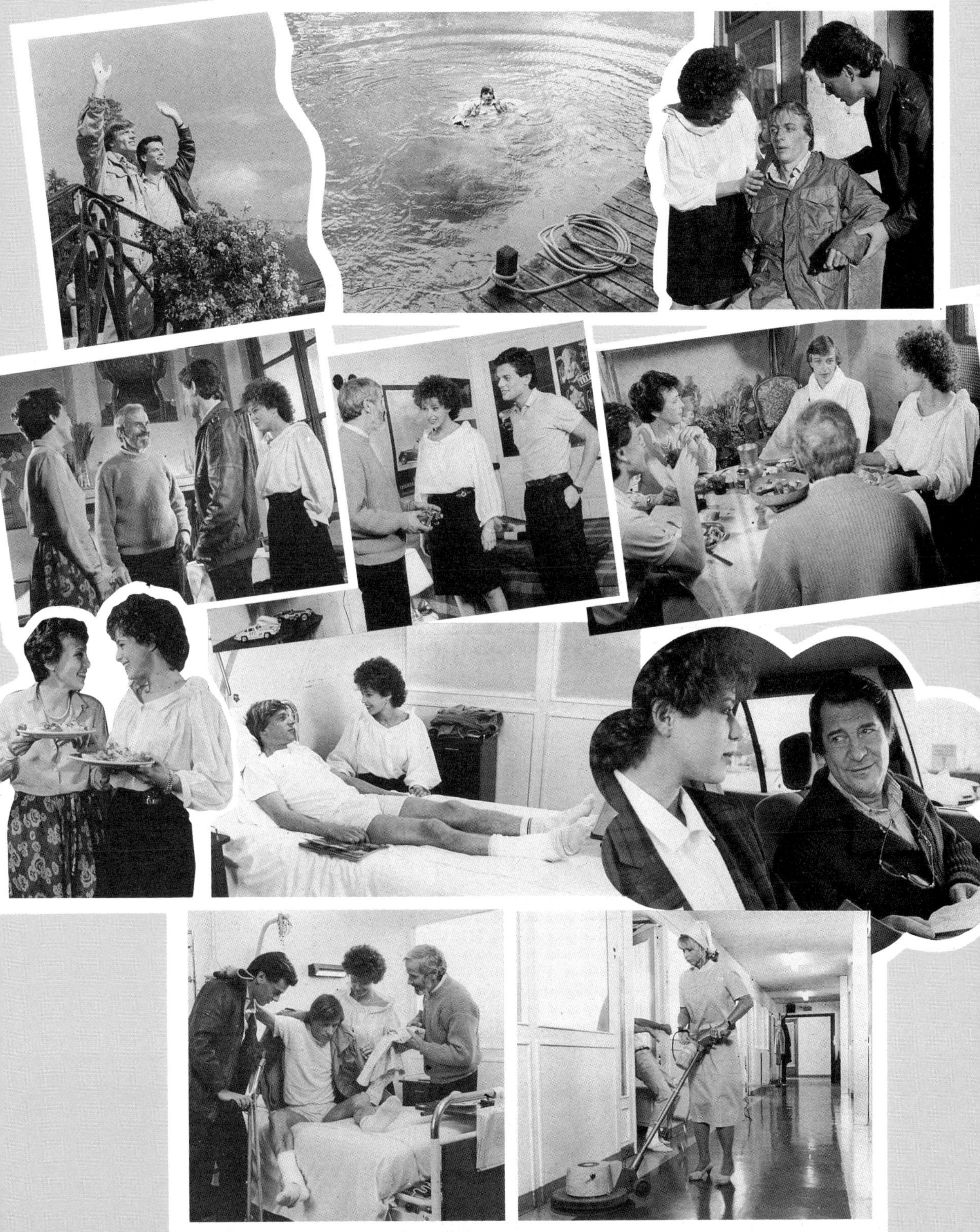

OBJECTIFS

Découvrir

- **des lieux :** la douane, des paysages suisses, la ville de Neuchâtel, une usine de chocolat, une caserne de pompiers, un restaurant
- **des gens** qui habitent ailleurs qu'en France et qui parlent français
- **des situations inattendues**

Apprendre

- **à exprimer des souhaits, des intentions**
- **à faire des hypothèses**
- **à demander et à donner des renseignements**
- **à répondre aux questions d'un douanier à la frontière**

et pour cela, utiliser

- le futur simple,
- le passif,
- le pronom *y,*
- *Combien de temps... ?*

COMMENT TRAVAILLER...

1 Regardez le film.
Ensuite : – regardez le tableau ci-dessous et répondez aux questions,
– regardez le résumé photographique de la page 139 et retrouvez l'histoire.

les lieux	l'action	Posez-vous des questions.
1 devant l'usine de chocolat, à Neuchâtel	 1	Qui est ce nouveau personnage ?
2 à l'usine de chocolat	2	Qu'est-ce qui se passe ?
3 à la caserne de pompiers	3	Pourquoi téléphone-t-il ?
4 au restaurant	 4	Est-ce que tout va bien maintenant ?

2 Étudiez le texte du dialogue, pages 130 à 132.

3 Faites les exercices de la partie A, « Observez le film et vous comprendrez », du Cahier.

4 Étudiez la grammaire et la phonétique, pages 136-137 et 138.

5 Faites les exercices des parties B et C du Cahier.
Vérifiez chaque fois vos réponses.

6 Relisez le texte du dialogue, écoutez la cassette, et, si vous le pouvez, revoyez le film.

7 Si vous avez un magnétoscope, passez quelques extraits du film sans le son et essayez de recréer le dialogue.

8 Qu'est-ce que vous avez appris ?

ÉMISSION

11 LA CLEF DANS LE CHOCOLAT

Martine, Laurent et Bernard ont décidé d'aller en Suisse.
Nous les retrouvons à la frontière.
Un douanier leur demande leurs papiers.

PREMIÈRE PARTIE

À la frontière franco-suisse

Un douanier : Messieurs-Dames, bonjour.

Laurent : Bonjour.

Le douanier : Vous avez quelque chose à déclarer à la douane ?

Laurent : Non.

Le douanier : Je peux voir vos passeports, s'il vous plaît ?
Bien, je vous remercie. Allez-y.

Martine (à Bernard) : Et ton pied, ça va ? Tu n'as plus mal ?

Bernard : Ça va. C'est fini.
Dis donc, tu as la lettre de ton père ?

Martine : La voilà... Elle est adressée à monsieur Vademant, Société Suchard, à Neuchâtel.

Laurent : Neuchâtel... Ça tombe bien.
Je ne connais pas.

Devant l'usine de chocolat, à Neuchâtel

Martine : ⟨ Marc est le fils de monsieur Vademant, l'ami de papa.

Marc (à Bernard) : Bonjour.
C'est toi, Laurent ?

Bernard : Ah non, moi c'est Bernard.
Laurent, c'est lui.

Marc : Bonjour, Laurent. Bon. Je vais vous faire visiter le pays, si vous voulez.
Vous verrez, les gens sont très gentils.

Martine : Dites, il est presque midi ! Il faut changer de l'argent, acheter des sandwichs... et téléphoner à Duray.

Bernard : Bon, Laurent, ça va de soi, téléphone à Duray.
Toi, Martine, tu achètes des sandwichs, et moi je vais à la banque avec Marc.

(à Marc) : D'accord ?

Marc : D'accord. ⟩

Au bord du lac de Neuchâtel

Martine : Laurent, sois gentil d'arrêter.

Bernard : Qu'est-ce qu'on fait ? On va voir le Musée des automates ?

Marc : J'ai une autre idée, je vais d'abord vous faire visiter notre usine...

Martine : Mm...

Laurent : D'accord.

DEUXIÈME PARTIE

Ils visitent l'usine de chocolat.

Le contremaître : Alors là sur ce schéma, vous avez le principe de la fabrication du chocolat : la boîte de cacao, le lait, le sucre moulu, la crème, le beurre de cacao ; tout ça va dans le malaxeur, se mélange... Suivez-moi plus loin, nous allons voir...

Martine : Mm... ! Ça sent bon le chocolat...

Bernard : ⟨ La clef !

Les autres : Quoi ?

Bernard : La clef ! Elle est tombée.

Laurent : Où ?

Bernard : Mais là ! Elle est tombée là !

Le contremaître : Mais ce n'est pas grave. On va la retrouver, votre clef. ⟩

À l'usine de chocolat

Le directeur technique (à Bernard) : Qu'est-ce que vous avez fait exactement ?

Bernard : Ben, je... j'ai fait comme ça.

Laurent : C'est intelligent.

Bernard : Oh, toi !

Le directeur : ⟨ Bon...
La clef n'est pas tombée par terre...

Le contremaître : Et les lampes témoins ne sont pas allumées.
La clef n'a donc pas touché la machine.

Marc : Alors ?

Le directeur : Alors, elle est tombée dans le chocolat.

Le contremaître : Et ensuite... ensuite elles ont été emballées dans un paquet.

Le directeur : Et elles seront demain matin dans une de ces deux mille boîtes prêtes à partir...

Martine : Eh bien, c'est gai !

Laurent : Et je n'ai pas de double de cette clef.

Bernard : Tant pis ! On rentrera en train.

Laurent : Toi, ça t'est égal !
Ce n'est pas ta voiture.

Le directeur : Et vous imaginez la tête d'un de nos clients, trouvant une clef de voiture dans une tablette de chocolat.
Non, on va ouvrir les caisses.

Bernard : C'est trop bête. Je suis désolé...

Marc : Les pompiers de Neuchâtel ont-ils un détecteur de mines ?

Le directeur : Bravo ! Ça, c'est une bonne idée ! ⟩

11 LA CLEF DANS LE CHOCOLAT

À la caserne de pompiers

Marc : Salut, Michel.

Michel : Salut.

Marc : J'aimerais emprunter votre détecteur de mines.

Michel : Le détecteur de mines ?

Marc : Oui.

Michel : Mais pourquoi ?

(Marc lui parle à l'oreille.)

Michel : Ah oui, mais le détecteur de mines n'est plus au magasin. Le chef l'a déjà prêté. Il est à Colombier.

Marc : Bon, on va téléphoner.

Dans une autre caserne de pompiers, à Colombier

Un pompier : Émile ? Émile, tu restes là ?

Émile : Comme d'habitude. Où veux-tu que j'aille ?

À la caserne de Neuchâtel

Michel (à Marc) : C'est incroyable ! Ils ne répondent pas ! Je vais essayer de nouveau.

De nouveau à Colombier

Émile : Le téléphone. Voilà, voilà...

Michel : Ah, enfin !

Émile : Téléphone... Le téléphone... le téléphone...

René : Qu'est-ce tu as encore fait, Émile ? Pompiers de Colombier ! Oui, c'est René.

Michel : René ? Salut, René. Tu peux nous rendre le détecteur de mines ?... Bon. Entendu.

(à Marc) : Il nous l'apportera dans l'après-midi. Tout va s'arranger.

Marc : Merci.

Dans un restaurant de Neuchâtel

Laurent : ⟨ Ma clef va me rappeler Neuchâtel longtemps.

Bernard : Quand je pense qu'elle était tout simplement cachée derrière une cuve...

Marc : N'en parlons plus ! Bon appétit. Et si quelqu'un laisse tomber son pain dans la fondue, il a un gage.

Laurent : Zut !

Bernard : Ah, ah, ah, ah ! Tu passes un tour !

Marc : Et si tu commandais plutôt un steak frites ?

Laurent : Oh, mais je voudrais goûter...

Bernard : Bon. Tu as droit à trois essais. Attention... Vas-y...

Laurent : Oh, non !

Tous : Oh là là, là là !

Martine : Allez, ne fais pas la tête, goûte !

Laurent : C'est bon ! ⟩

Bernard : Oh non ! Ça ne va pas recommencer ! Ah là... là... là... là !

AVEZ-VOUS BIEN SUIVI L'HISTOIRE ?

1 Mettez les événements dans le bon ordre.

a. Nos trois amis visitent l'usine de chocolat.
b. Ils mangent une fondue.
c. Marc demande le détecteur de mines aux pompiers.
d. Bernard laisse tomber la clef.
e. Nos amis font la connaissance de Marc.

2 Éliminez la phrase qui ne convient pas .

Pour vous excuser, vous pouvez dire :

a. Je vous demande pardon.
b. Je suis désolé(e).
c. C'est incroyable.
d. Pardonnez-moi.

Pour exprimer une intention, vous pouvez dire :

e. Je vais vous faire visiter le pays.
f. On rentrera par le train.
g. J'aimerais emprunter votre détecteur de mines.
h. Vous verrez, les gens sont très gentils.

3 Qui dit ces phrases ?

a. Où veux-tu que j'aille ?
b. Sois gentil d'arrêter.
c. La clef ! La clef est tombée.
d. Tu as droit à trois essais.
e. Mais je voudrais goûter !

4 Vrai ou faux ?

a. Laurent ne connaissait pas Neuchâtel.
b. Nos amis ont visité le musée des automates.
c. Le détecteur de mines a été prêté.
d. Émile parle à Marc au téléphone.
e. Laurent a un double de la clef.
f. Laurent ne sait pas manger la fondue.

5 Qu'est-ce qu'il faut faire ?

a. Au poste frontière : il faut montrer...
b. Quand on n'a pas d'argent suisse : ...
c. Quand on perd unc clef : ...

6 Qu'est-ce qu'ils disent ?

A LA FRONTIÈRE

Dans un compartiment de train, une dame est assise. Le train entre en gare de Vallorbe, gare frontière entre la Suisse et la France.

■ Le train arrive à Vallorbe.
Veuillez préparer
vos papiers, s'il vous plaît.

Bientôt arrive un policier suisse.

▲ Vos papiers, s'il vous plaît.
● Je n'ai pas mon passeport.
Je suis désolée.
▲ Une carte d'identité suffit.
● Ah, bon... Voilà.
▲ Merci. Bon voyage.

Il est suivi d'un douanier suisse.

□ Vous êtes Française ?
● Oui, voilà ma carte d'identité.
□ Vous n'avez rien à déclarer ?
● Non.
□ Merci. Bon voyage.

Et maintenant c'est le tour d'un policier français.

△ Votre passeport, s'il vous plaît.
● Je n'ai pas mon passeport.
△ Vous êtes Française ?
Vous avez une carte d'identité ?
● Oui, voilà.
△ Très bien, merci. Bon voyage.

La porte s'ouvre de nouveau et un douanier français entre.

– Vous n'avez rien à déclarer ?
● Non.
– Pas de montres, pas de chocolat,
pas de francs suisses ?
● Non, je n'ai pas de montres,
je n'ai pas de francs suisses.
Mais...
– Bon. Ça va.
Très bien. Bon voyage.
● J'adore le chocolat...

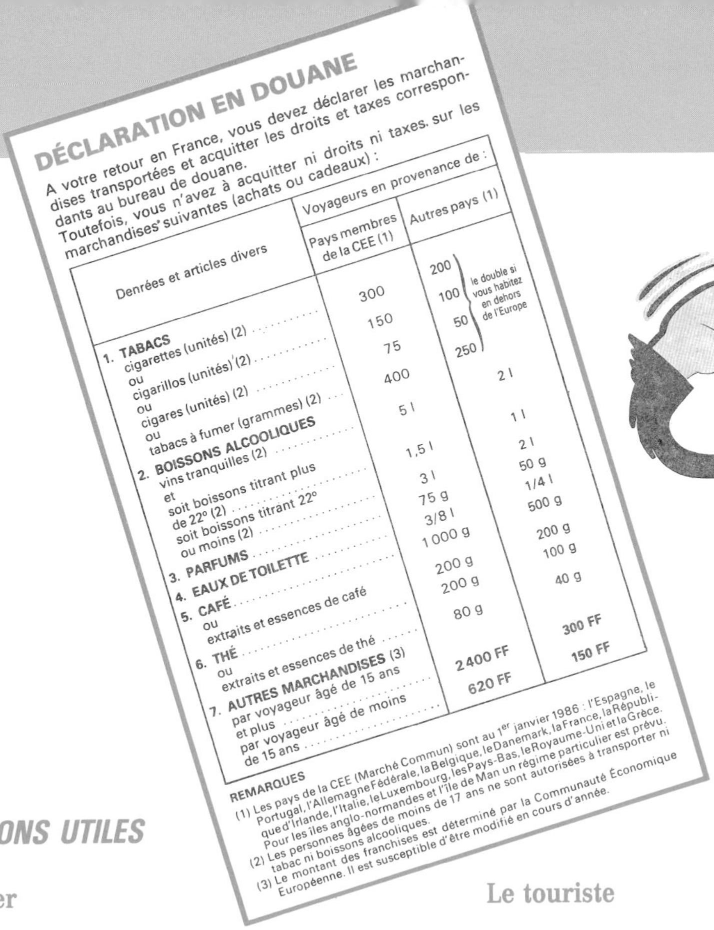

DÉCLARATION EN DOUANE

A votre retour en France, vous devez déclarer les marchandises transportées et acquitter les droits et taxes correspondants au bureau de douane.
Toutefois, vous n'avez à acquitter ni droits ni taxes sur les marchandises suivantes (achats ou cadeaux) :

Denrées et articles divers	Voyageurs en provenance de : Pays membres de la CEE (1)	Autres pays (1)
1. **TABACS** cigarettes (unités) (2)	300	200 (le double si vous habitez en dehors de l'Europe)
ou cigarillos (unités) (2)	150	100
ou cigares (unités) (2)	75	50
ou tabacs à fumer (grammes) (2)	400	250
2. **BOISSONS ALCOOLIQUES** vins tranquilles (2)	5 l	2 l
et soit boissons titrant plus de 22° (2)	1,5 l	1 l
soit boissons titrant 22° ou moins (2)	3 l	2 l
3. **PARFUMS**	75 g	50 g
4. **EAUX DE TOILETTE**	3/8 l	1/4 l
5. **CAFÉ**	1 000 g	500 g
ou extraits et essences de café	200 g	200 g
6. **THÉ**	200 g	100 g
ou extraits et essences de thé	80 g	40 g
7. **AUTRES MARCHANDISES** (3) par voyageur âgé de 15 ans et plus	**2 400 FF**	**300 FF**
par voyageur âgé de moins de 15 ans	**620 FF**	**150 FF**

REMARQUES
(1) Les pays de la CEE (Marché Commun) sont au 1er janvier 1986 : l'Espagne, le Portugal, l'Allemagne Fédérale, la Belgique, le Danemark, la France, la République d'Irlande, l'Italie, le Luxembourg, les Pays-Bas, le Royaume-Uni et la Grèce. Pour les îles anglo-normandes et l'île de Man un régime particulier est prévu.
(2) Les personnes âgées de moins de 17 ans ne sont autorisées à transporter ni tabac ni boissons alcooliques.
(3) Le montant des franchises est déterminé par la Communauté Économique Européenne. Il est susceptible d'être modifié en cours d'année.

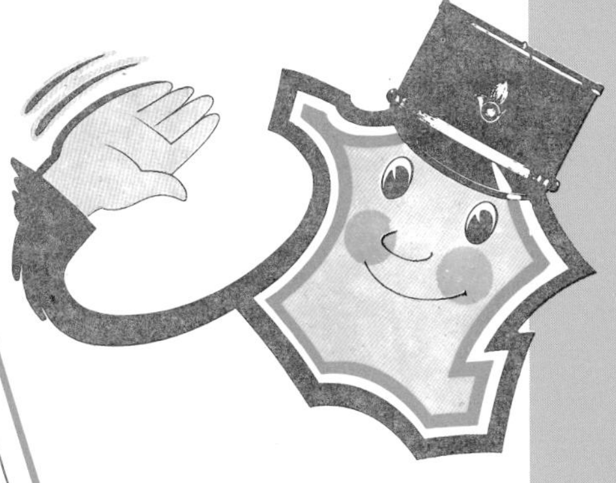

EXPRESSIONS UTILES

Le douanier

Vous n'avez rien à déclarer ?
Vous avez quelque chose à déclarer ?

Vos papiers/Votre passeport/
Votre carte d'identité, s'il vous plaît ?

Ce sac/Cette valise est à vous ?
Ces bagages sont à vous ?
Ouvrez votre sac/votre valise.
Qu'est-ce qu'il y a dans votre valise ?

Le touriste

Si. J'ai du tabac/des cigarettes/du parfum.
Non (je n'ai rien).

Voilà.
Je n'ai pas mon passeport mais voilà ma carte d'identité.

Des objets personnels.

une chemise	un chemisier
un pantalon	une jupe
un costume	un tailleur

un pull-over
un imperméable
une paire de chaussures
un mouchoir

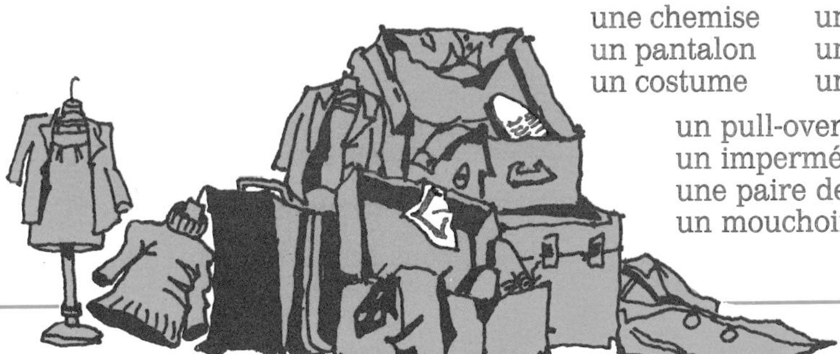

► À VOUS...

- Vous allez au bureau de change changer de l'argent.
  Jouez la scène avec votre partenaire.

- Vous racontez à des amis comment vous avez passé la douane.
  Le douanier vous a demandé d'ouvrir vos bagages...

ÉMISSION **11**

POUR COMPRENDRE ET POUR VOUS EXPRIMER

1 Interroger : Combien de temps ? Depuis combien de temps ? Pour combien de temps ?

▶ Posez des questions.

Ex. : faire du français
→ Vous faites du français depuis combien de temps ?

a. être ici
b. partir
c. rester ici
d. être arrivé(e)

2 Parler du futur

Exprimer une intention :

Je vais lui écrire.

aller + infinitif

Exprimer une probabilité ; faire des prédictions :

Tu lui écriras.

Vous gagnerez au loto et vous serez riche.

futur

Les formes du futur

je		**AI**
tu	chanter	**AS**
il/elle	partir	**A**
nous	croir	**ONS**
vous		**EZ**
ils/elles		**ONT**

⚠ futurs irréguliers :

être	ser-	je serai
avoir	aur-	tu auras
aller	ir-	elle ira
pouvoir	pourr-	nous pourrons
vouloir	voudr-	vous voudrez
devoir	devr-	ils devront
faire	fer-	je ferai
venir	viendr-	tu viendras

▶ Que ferez-vous si vous gagnez beaucoup d'argent ?

Vrai ou faux ?

Vous arrêterez de travailler.
Vous visiterez la Suisse.
Vous ferez un long voyage.
Vous quitterez votre ville.
Vous jouerez de nouveau au loto.

▶ Qu'est-ce que vous ferez quand vous irez dans un pays francophone ?

J'irai...
Je visiterai...
...

3 Exprimer un souhait

J'aimerais voyager.
Je voudrais être riche.

Pour exprimer un souhait, on peut utiliser le conditionnel.

base du futur +	terminaisons de l'imparfait
J'aimer-	**AIS**
Tu voudr-	**AIS**
Il souhaiter-	**AIT**
Nous aimer-	**IONS**
Vous voudr-	**IEZ**
Elles souhaiter-	**AIENT**

▶ Dites ce qu'il voudrait, ce qu'il aimerait faire.

4 « y », pronom

y	**=**	**à** / **en**	**+ nom de lieu**
	=	**à**	**+ groupe nominal**

Ils vont **en Suisse ?**
– Oui, ils **y** vont.

Ils pensent **à leurs vacances ?**
– Oui, ils **y** pensent depuis longtemps.

▶ Trouvez la question.

Ex. : Oui, ils y habitent.
→ Ils habitent en Suisse ?

a. ... ? – Oui, j'y vais souvent.
b. ... ? – Oui, j'y pense.
c. ... ? – Oui, j'y reste un mois.
d. ... ? – Oui, ils y passent leurs vacances.

5 Le passif

On a trouvé la clef.
→ La clef a été trouvée (par quelqu'un).
(passif)

être + participe passé.

⚠ Distinguez :

- **le passif**
  La clef a été trouvée.
- **le passé composé avec être**
  La clef est tombée.
  (Le participe passé s'accorde avec le sujet.)

▶ Passif (1) ou passé composé (2) ?

	1	2
a. Sa lettre est arrivée hier.		×
b. Les lettres sont mises à la poste le soir.		
c. Ses problèmes sont résolus.		
d. Ses parents sont venus le voir.		

▶ Donnez l'équivalent au passif.

Ex. : On a volé la clef.
→ La clef a été volée.

a. On a lavé la voiture.
b. On a trouvé la clef.
c. On a réparé la voiture.

APPRENEZ À ÉCOUTER ... ET À DIRE

1 Écoutez et répétez.

i + voyelle / *ill* → j : pied – bien – viens / famille
⚠ ville = vil

ou + voyelle / *oi* → w : oui – jouer – vois

u + voyelle → ɥ : suis – cuisine – tuer

▶ Prononcez les mots suivants. Plusieurs vous sont encore inconnus.

a. une bouée
b. la Suisse
c. une fille
d. nouer
e. un pompier
f. essuyer
g. la nuit
h. louer

2 Écoutez et répétez.

Pas d'arrêt de la voix dans :

Il va ‿ à ‿ Alger.

Les trois *a* s'enchaînent.

De même, dans des phrases comme :

Tu ‿ es ‿ où ? Il va ‿ au théâtre.

▶ Prononcez les phrases suivantes.

a. Laurent a une voiture.
b. Elle va à un rendez-vous.
c. Tu étais avec elle ?
d. Laurent a à écrire.
e. Elle a encore des progrès à faire

Apprenez à observer.

▶ Bernard paraît-il
a. calme
b. indifférent ?
c. très inquiet ?

Que s'est-il passé ?
A quoi le remarquez-vous ?

11

ÉMISSION 12

AU REVOIR, LA SUISSE

OBJECTIFS

Découvrir

- **des lieux :** le lac de Neuchâtel, le musée de l'Horlogerie de la Chau de-Fonds
- **des gens :** les Suisses, qui ont une grande tradition d'hospitalité et goût de la précision dans le travail

Apprendre

- **à décrire une personne**
- **à demander un service**
- **à raconter des événements passés**
- **à protester**
- **à faire des suppositions**
- **à aborder quelqu'un dans la rue**

et pour cela, utiliser

– des structures syntaxiques propres à la langue parlée

– des « mots d'appui »

– des tournures de mise en valeur

et comparer les formes des mots

12

COMMENT TRAVAILLER...

Choisissez la façon de travailler qui vous convient le mieux.

Vous pouvez :

A – regarder le film ;
– vérifier votre compréhension avec le tableau ci-dessous, le résumé photographique page 151, la partie A des exercices du Cahier ;
– étudier votre livre en détail et faire les exercices B et C du Cahier.

ou bien :

B – vous préparer à voir le film en regardant le tableau ci-dessous et essayer d'imaginer ce qui va se passer ;
– vérifier votre compréhension et étudier l'ensemble du dossier.

Utilisez les cassettes pour faire les exercices oraux et pour étudier le dialogue.

Si un de vos amis étudie le français en même temps que vous, faites à deux les exercices du Cahier prévus pour deux personnes.

Si vous avez un magnétoscope, revoyez tout ou partie du film plusieurs fois en centrant votre attention chaque fois sur un aspect différent :
- expressions utilisées pour décrire quelqu'un.
- tournures de la langue parlée (voir p. 148),
- gestes et mimiques des personnages,
- lieux où l'action se passe...

Demandez-vous
- ce que vous avez appris,
- ce que vous savez faire en français,
- si vous avez atteint les objectifs proposés page 140.

Si vous le pouvez, revoyez ou réécoutez les émissions précédentes...

les lieux	l'action	Posez-vous des questions.
1 sur la route de la Chaux-de-Fonds	1 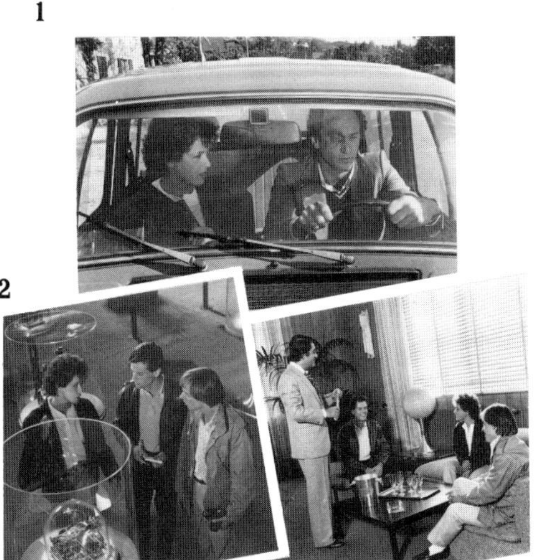	Que fait Martine dans la voiture d'Émile ? Où va-t-elle ?
2 au musée de l'Horlogerie de la Chaux-de-Fonds	2	Martine interrompt leur reportage. Pourquoi ?
3 dans le bureau de M. Duray	3	Pourquoi ont-ils l'air si content ?

ÉMISSION

12 AU REVOIR, LA SUISSE

A Neuchâtel, Martine fait une promenade en bateau. Laurent et Bernard font un reportage au musée de l'Horlogerie de la Chaux-de-Fonds. Marc travaille dans son bureau à l'usine de chocolat. Soudain, le téléphone sonne...

PREMIÈRE PARTIE

Dans le bureau de Marc, à l'usine Suchard

Marc : Allô !... *Lyon-Matin*, oui. Ah, ils ne sont pas là ! Mais je peux peut-être trouver Martine. Elle vous rappellera... D'accord. Je dirai à Martine que monsieur Duray l'attend avec Laurent et Bernard au journal... Le plus tôt possible ! Au revoir !

Au bord du lac

Marc : Salut, Jérôme ! Dis, tu as vu une Française... très belle ! Cheveux frisés... jeans... veste écossaise !

Jérôme : Superbe ! Eh bien. Elle a pris le bateau il y a un quart d'heure, direction Estavayer...

Marc : Merci.

Marc part pour Estavayer en voiture. Il arrive en même temps que Martine.

Marc : Martine ! J'ai eu un appel téléphonique de *Lyon-Matin*.

Martine : De *Lyon-Matin* !

Marc : Oui, c'était votre patron, monsieur Duraille.

Martine : Duray ?

Marc : Duray.

Martine : Et alors ?

Marc : Et alors il voulait vous parler ; vous devez être au journal au plus vite tous les trois ! Tu sais où sont partis Laurent et Bernard ?

Martine : Ils sont à la Chaux-de-Fonds. Ils font un reportage sur le musée de l'Horlogerie...

Marc : Viens... dépêchons-nous ! Allons-y.

Marc ramène Martine en voiture à Neuchâtel.

Martine : Tu peux me conduire à la Chaux-de-Fonds ?

Marc : Impossible ! J'ai un client à midi... Désolé...

Mais je peux t'amener à Neuchâtel.

Martine : D'accord... Je me débrouillerai. 〉

Marc : Bonne chance !

Martine fait de l'auto-stop pour aller à la Chaux-de-Fonds.

Martine : Vous allez à la Chaux-de-Fonds ?

Le conducteur: Non, non.

Martine : Oh, vous pouvez m'emmener à la Chaux-de-Fonds ?

Le conducteur: Non, non.

Martine : Oh, s'il vous plaît !

Le conducteur: Bon, allons-y.

(C'est Émile, le pompier.)

Martine : Merci.

Dans la voiture d'Émile

Martine : Vous êtes boxeur ?

Émile : Non, pompier.

Martine : Un incendie ?

Émile : Non. Un coup de téléphone...
... Donc, je suis pompier,
dans une petite localité.
Et j'étais de service.
Le téléphone,
il s'est mis à sonner, alors
je me suis précipité, je me suis empêtré dans les tuyaux.
J'ai glissé...
C'est pas drôle.
Ah non, alors c'est pas drôle.

Martine : Mais dépêchez-vous, dépêchez-vous, je suis très en retard.

Émile : Dépêchez-vous !
Dépêchez-vous !
Je fais ce que je peux !
Et la voiture aussi !
Faut pas vous énerver
comme ça !
Le voilà votre musée. On y est !

Martine : Excusez-moi. Merci...
A bientôt peut-être.
Et... soyez prudent !

Au musée de l'Horlogerie à la Chaux-de-Fonds

Laurent : Tu me la fais aussi de face, hein, celle-là.

Bernard : Ah oui, je te la fais deux fois de toutes façons. Hein, parce que comme ça, tu auras les... deux parties.

Laurent : 〈 Martine ! Qu'est-ce que tu fais là ?

Martine : Départ immédiat.. Duray nous attend !

Bernard : Duray ! Mais on a quand même le temps de finir...

Martine : Juste le temps de ranger ton matériel...

Laurent : Mais enfin !... Ça va pas ! C'est lui qui voulait ce reportage !

Martine : C'est le patron, oui ou non ?

Bernard : Partez ! Rentrez ! Repartez ! C'est pas possible ! 〉

Martine : Allez, viens.

AU REVOIR, LA SUISSE

En voiture sur l'autoroute de Lyon

Bernard : ⟨ Ça va mal finir, j'en suis sûr.
En tout cas pour moi.

Laurent : Tu es fou !
Duray a un problème.
Mais lequel ?

Bernard : Ou alors, il va nous éloigner toi et moi... pour rester seul avec Martine.

Martine : Bon, restons calmes !
Lyon est à dix kilomètres.
Dans un quart d'heure on saura... ⟩

A *Lyon-Matin*

La secrétaire : Monsieur Duray est avec le Président.

La secrétaire : Eh ! Monsieur Duray vous attend !
Allez. Vite, vite. Allez-y.

Dans le bureau de M. Duray

M. Duray : ⟨ Asseyez-vous !...
Ah non, pas là...
Là. Désolé d'avoir interrompu votre reportage, mais il y a du nouveau.

Laurent : Bon ou mauvais pour nous ?

M. Duray : Bien nous installons un bureau important à Nice...
et le Président est d'accord pour y envoyer en mission mademoiselle Doucet !
Alors j'ai pensé, ma chère Martine, que vous alliez avoir besoin d'un bon rédacteur, Laurent Nicot par exemple,
et d'un photographe...
Bernard Travers peut faire l'affaire...
Qu'en pensez-vous ?
Ça vous va ?

La secrétaire : Vous m'avez appelée, Monsieur ? ⟩

M. Duray : Ah non, ah non, mademoiselle Maricot, je ne vous ai pas appelée. Mais... Si vous voulez prendre un verre avec nous...

La secrétaire : Oh... oh... oui !

Ils fêtent tous la nouvelle et boivent du champagne.

Tous : A vous... A nous...

M. Duray : Ah ! Jeunesse...

AVEZ-VOUS BIEN SUIVI L'HISTOIRE ?

1 Mettez les événements dans le bon ordre.

a. Martine annonce à Bernard et à Laurent que M. Duray veut les voir.
b. Marc rejoint Martine à Estavayer.
c. Émile raconte son aventure à Martine.
d. M. Duray envoie Martine en mission à Nice.
e. M. Duray téléphone pour dire aux trois amis de rentrer à Lyon.

2 Éliminez la phrase qui ne convient pas.

Quand vous êtes pressé(e), vous pouvez dire :

a. Il ne faut pas vous énerver.
b. Dépêchez-vous. Je suis en retard.
c. Allons-y vite.

Quand vous ne pouvez pas faire quelque chose, vous pouvez vous excuser de la manière suivante :

d. Désolé, mais je dois voir quelqu'un.
e. Bon. Ça marche. Allons-y.
f. Impossible. Je suis pris.

3 Vrai ou faux ?

a. Martine fait un reportage sur le musée de l'Horlogerie.
b. Marc prend le bateau d'Estavayer.
c. Martine trouve Laurent et Bernard au musée.
d. Nos amis rentrent à Lyon en train.
e. M. Duray a une grande nouvelle à leur annoncer.

4 Qui a dit ces phrases ?

a. Tu as vu passer une Française ?
b. D'accord. Je me débrouillerai.
c. J'étais de service.
d. Soyez prudent.
e. Mais si vous voulez prendre un verre avec nous...

5 Qu'est-ce qu'ils disent ?

ÇA PEUT VOUS ÊTRE UTILE...

POUR VOUS ADRESSER À QUELQU'UN

Un jeune homme aborde une jeune femme dans la rue.

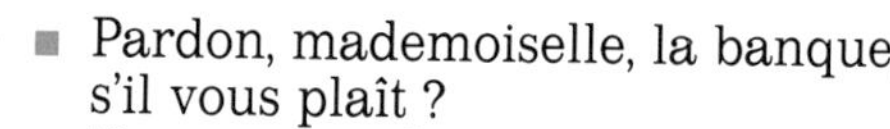

- ■ Pardon, mademoiselle, la banque, s'il vous plaît ?
- ● Vous prenez la première rue à droite. Vous voyez, là...
- ■ Merci... Encore un petit renseignement... la poste, c'est loin d'ici ?
- ● Non, juste en face de la banque... mais, vous ne m'avez pas dit quelle banque ?
- ■ C'est sans importance... Et la gare... à pied, c'est loin ?
- ● Non... quand vous êtes en face de la banque, il y a une petite place à gauche, et, au fond de la place, une rue qui mène à la gare.
- ■ Merci beaucoup... Dites-moi...
- ● Ah non, ça suffit maintenant. Écoutez. Ce sera beaucoup plus simple. Voilà vingt francs. Vous allez acheter un guide de la ville. Il y en a chez le marchand de journaux ici.
- ■ Excusez-moi. C'était simplement pour parler avec vous...
- ● Quoi ? ?
- ■ Je vais vous expliquer. J'habite ici depuis dix ans... alors la banque, la poste, la gare, vous savez...
- ● Vous vous moquez de moi ?
- ■ Mais non, pas du tout... Gardez votre argent, c'est moi qui vous offre un verre !
- ● Écoutez...
- ■ Je connais un petit café sympa dans la première à droite. C'est à côté de la banque, en face de la poste et c'est pas loin de la gare... Alors, on y va ?
- ● Bon... si vous voulez...

EXPRESSIONS UTILES

Pardon, vous avez l'heure ?
vous avez du feu ?

Non, désolé(e), je n'ai pas de montre.
je ne fume pas.

Pardon, vous n'êtes pas mademoiselle... ?
vous êtes seule ?
vous attendez quelqu'un ?

Non, vous faites erreur, Monsieur.
Non, j'attends quelqu'un.
Oui, mon mari. Le voilà qui arrive.

Vous aimeriez prendre un verre ?

Non, merci.

▶ À VOUS...

Vous voulez adresser la parole à quelqu'un que vous ne connaissez pas.

Un inconnu vous adresse la parole. Vous ne voulez pas accepter son invitation mais vous ne voulez pas non plus le blesser...
Vous finissez par accepter.

Choisissez un de ces deux rôles, ou un autre rôle que vous imaginerez vous-même...

ÉMISSION 12

POUR COMPRENDRE ET POUR VOUS EXPRIMER

En français parlé

1 On peut mettre un mot ou un élément de la phrase en valeur

– en détachant un groupe et en le rappelant par un pronom

Il a téléphoné, Duray ?
Le voilà, votre musée !

▶ Mettez en valeur les mots soulignés.

a. Bernard a glissé.
b. Il n'a pas vu le lac.
c. Allez retrouver vos amis.
d. Le bureau de Nice est créé.

– en utilisant **C'est... qui ..., C'est... que...**

C'est Martine qui fait la cuisine.
C'est ce musée que Laurent veut visiter.

▶ Mettez en valeur les mots soulignés.

a. Cette odeur va lui rappeler Neuchâtel.
b. Martine est allée à Estavayer.
c. Tu as acheté du chocolat suisse.
d. Il a reçu un coup de téléphone.

---

2 On utilise souvent des mots d'appui.

– Certains mots aident à reprendre souffle, à réfléchir à ce qu'on va dire, à gagner du temps, à attirer l'attention : **eh bien, dis...**

Eh bien... elle a pris le bateau, direction Estavayer.

Dis, tu as vu passer une Française ?

▶ Posez des questions à votre partenaire en essayant d'attirer son attention ou répondez à votre partenaire en prenant un moment de réflexion.

– D'autres mots, selon l'intonation, servent à exprimer la surprise, la réprobation, le doute : **voyons, quoi...**

Voyons ! Ce n'est pas drôle.
→ *réprobation*

Quoi ! Ce n'est pas vrai.
→ *doute.*

▶ Cherchez les mots d'appui utilisés dans l'émission 12. A quoi servent-ils ? (moment de réflexion, doute, hésitation, approbation...)

3 Formes des verbes et des noms

Comparez les verbes et les noms suivants :

verbes	**noms féminins**
présenter	présentation
féliciter	félicitation
évoluer	évolution
diriger	direction
	noms masculins
commencer	commencement
ranger	rangement
changer	changement
servir	serveur
boxer	boxeur
diriger	directeur
détecter	détecteur
emballer	emballage
passer	passage
essayer	essayage
verbes	**noms féminins**
excuser	excuse
adresser	adresse
visiter	visite
	noms masculins
arrêter	arrêt
emprunter	emprunt
chanter	chant

► Reliez le verbe et le nom qui lui correspond.

a. produire	1 renseignement
b. allumer	2 essai
c. renseigner	3 télescopage
d. transmettre	4 occupation
e. réparer	5 rédaction
f. éloigner	6 appel
g. télescoper	7 production
h. essayer	8 évanouissement
i. occuper	9 réparation
j. rédiger	10 éloignement
k. s'évanouir	11 allumage
l. appeler	12 transmission

► Relisez les textes des émissions 1 à 8. Relevez des noms et cherchez les verbes correspondants.

Ex. : calme → calmer

Relevez des verbes et cherchez les noms correspondants.

Ex. : commencer → commencement.

4 Le genre des noms

– En général sont masculins :

les noms terminés
– par **-ment, -eur, -age**
– par un son de voyelle
(un oubli, un arrêt, un pardon...)

– En général sont féminins :

les noms terminés
– par **-ise, -euse, -ice**
– par un son de consonne
(une excuse, la tête...)

► Quel est le genre (masculin ou féminin) des noms suivants ?

a. réflexion
b. demande
c. dérangement
d. intérêt
e. invitation
f. paiement
g. connaissance
h. intelligence
i. train
j. tablette
k. pompier
l. joueuse

ÉMISSION

12

APPRENEZ À ÉCOUTER ... ET À DIRE

Sons et lettres

1 Un son = une graphie

p, b, d, l, m, n, r – et aussi pp, bb, dd, ll, mm, nn, rr
a, u, ou, oi, o (ouvert)

2 Un son = deux graphies

t (t, th), f (f, ph), ʃ (ch, sch), v (v, w), z (z ou s entre 2 voyelles)
i (i, y), ø (eu, e), œ (eu, oeu), ɔ̃ (on, om)

3 Un son = plusieurs graphies différentes

Son	Graphie	Exemples	Son	Graphie	Exemples
ʒ	j	**j**ouer	s	s, ss	**s**on, gentille**ss**e
	ge	man**ge**ons		ti	na**t**ion, inten**t**ion
				ç	le**ç**on, **ç**a
				ce. ci, cy	**ce**nt, **ci**néma, bi**cy**clette

▸ Écoutez et étudiez les mots suivants. Combien y a-t-il de manières d'écrire le son **k** en français ?

Comment, cinq, ticket, accompagner, kilo, technique, cuisine, cas, caisse, crème, couchette.

Son	Graphie	Exemples	Son	Graphie	Exemples
e	é	**é**cole	ɛ̃	in, im	v**in**gt, **im**possible
	e + ss	intér**ess**er		en	vi**en**s
	er, ez	chant**er**, chant**ez**		ein, ain, aim	pl**ein**, m**ain**, f**aim**
	ai, a	chanter**ai**		un, um	**un**, parf**um**
ɛ	è, ê	premi**è**re, t**ê**te	ɑ̃	an, am	d**an**s, ch**am**pion
	e + ll ou tt	**belle**, **cette**		en, em	pr**en**dre, t**em**ps
	er (non final)	**per**dre, **per**sonne			
	ai, ei	sem**ai**ne, pl**ei**ne			
	et, es, est	**et, les, est**			

▸ Étudiez les mots suivants. Combien y a-t-il de manières d'écrire le son **o** en français ?

un beau bateau – il fait chaud – un pot de beaujolais

Apprenez à observer

Que dit Martine ?

Est-ce que vous vous souvenez de ces situations ?

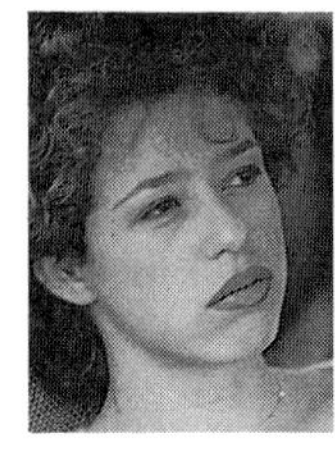

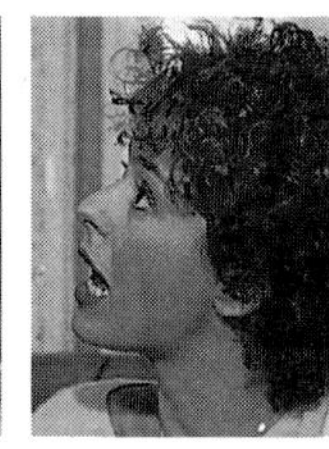

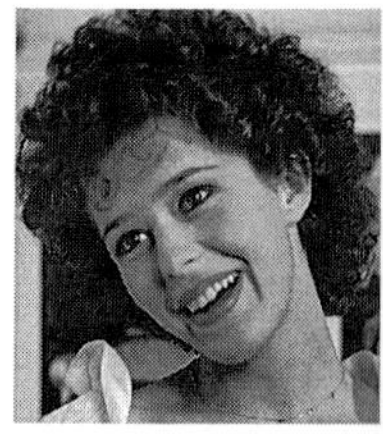

12

ÉMISSION 13

SOUVENIRS, SOUVENIRS...

Martine, Laurent et Bernard passent leur dernière journée à Lyon. Ils se promènent et ils échangent des souvenirs.
Nous revoyons les scènes qu'ils évoquent.

Martine : Au revoir, Lyon. Ce soir nous serons à Nice.

Laurent : Ça me fait tout drôle !

Bernard : Eh ! Tu ne vas pas pleurer !

Laurent : Non, je ne vais pas pleurer, mais tout a passé si vite. Tu te souviens de ton arrivée, Martine ?

Martine : J'avais un trac ! Mon premier vrai travail : journaliste stagiaire à *Lyon-Matin !*

*** Martine arrive à *Lyon-Matin.***

Laurent : Ton arrivée a été mouvementée ! On eu du mal à te retrouver.

*** Martine arrive à la gare de Lyon.**

Martine : Et les cris de madame Legros, en voyant ma petite souris !

*** Mme Legros a peur de la souris blanche de Martine.**

Martine : C'est vraiment sympa, ces mois passés ensemble. Oh ! Bernard ! en « extra », tu étais superbe !

Laurent : A propos, tu ne m'as pas rendu mes cent francs !

*** Laurent et Bernard se disputent après la réception chez Laurent...**

Bernard : Dis, j'ai travaillé, moi ! J'ai servi tes invités.

*** Bernard fait le service à la réception de Laurent.**

Martine : Et le tennis ! C'est là que j'ai découvert Sophie et Patricia. Vous aviez un peu oublié de me présenter vos petites amies.

Bernard et Laurent : Nous ? C'était un oubli... Voilà...

*** Martine fait la connaissance de Patricia et de Sophie au club de tennis.**

Bernard : Il faut être juste... On a travaillé aussi !

*** M. Duray félicite Laurent.**
*** Laurent et Bernard font des reproches au chef d'atelier de l'imprimerie de *Lyon-Matin*.**
*** M. Duray critique l'article de Martine sur la foire-exposition de meubles.**
*** Bernard prend des photographies à l'aéroport.**

Laurent (à Martine) : Tu sais que tu as été une bonne surprise pour nous ?

Bernard : Exact !

Martine : Et ça veut dire quoi ?

Bernard : Bien... tu comprends, nous, nous attendions une fille pas très jolie,
un peu « petite fille modèle »... sage... pas marrante...

Laurent : Et tu es arrivée !

Martine : Et j'ai été une vraie Miss Catastrophe !

*** A l'hôtel, l'ouvrier tombe de l'échelle.**
*** A la foire-exposition : un chien a pris la chaussure de Martine...**
*** Martine, Bernard et Laurent ont entraîné la voiture d'un agent de police.**
*** Bernard fait tomber les pièces d'or.**
*** Bernard fait tomber les gâteaux d'une dame le jour de la Saint-Laurent.**
*** Le crabe pince Bernard et la voiture recule.**
*** Émile reçoit un coup de téléphone...**

Martine : C'est vrai qu'on s'est bien amusé !

Bernard : Il y a une chose, pourtant, qui ne m'a pas fait rire, c'est ton voyage à Paris avec Duray !

Martine : Moi non plus, figure-toi, ça ne m'a pas fait rire.

*** M. Duray demande à Martine de l'accompagner à Paris.**
*** Martine et M. Duray sont en route vers Paris.**
*** Bernard montre à Martine des photos de M. Duray avec des femmes.**
*** Martine pleure...**

Martine : Mais, n'y pensons plus.
Tout a fini par s'arranger.
Souvenirs ! Souvenirs !

Laurent (à Bernard) : Ah ! J'ai oublié de te féliciter !

Bernard : Ah oui ! Et pourquoi ?

Laurent : Ton arrivée à Annecy !
Superbe !

Bernard : Je sais, je sais, j'avais l'air malin !

*** A Annecy, Bernard tombe dans le canal.**

Martine : Maman t'a quand même trouvé très bien !

Laurent : Je dérange !

Martine : Mais non, tu ne déranges pas, grand jaloux ! Mais tu es mon cousin !

Laurent : Je sais !

Bernard : Bon... il faut y aller...
Il y a encore les valises à faire, dire au revoir aux copains...

Martine : Et ne pas rater l'avion de Nice...
Allez, en route !

13 SOUVENIRS, SOUVENIRS...

A l'aéroport de Lyon-Satolas, les trois amis vont prendre l'avion pour Nice.

Laurent : Duray m'a quand même un peu ému avec son champagne !

Bernard : Oh ! Tu ne vas pas recommencer !

Martine : Minie ! Ma souris... Minie ! Je l'ai oubliée dans le taxi !

Bernard : Ne bouge pas... on y va !

Bernard va chercher la souris de Martine qui est restée dans le taxi. Il bouscule un homme qui porte une petite valise. De l'or tombe...

Bernard : Ah, elle est là. Excusez-moi.

L'homme : Mon or ! Mon or !

Bernard : Elle est là Minie, la petite souris !

L'homme : Mais c'est pas fini ! Qu'est-ce que je vous ai fait, moi ?

Bernard : Ah, excusez, excusez-moi, pardon...

Enfin, c'est le départ.

Laurent et Bernard : La voilà !

Martine : Ah, Minie !

L'hôtesse : Montez, on n'attend plus que vous.

Laurent et Bernard : On arrive ! On arrive.

Martine : A bientôt !

Laurent et Bernard : A bientôt ! 〉

1. La phrase simple

• phrases déclaratives

Groupe du nom sujet	Groupe du verbe	Complément de phrase
Ces photos Laurent	sont excellentes. est journaliste	 à *Lyon-Matin.*
Vous Monsieur Duray	connaissez sa cousine est arrivé	depuis deux jours. de Lyon, hier.

Observez l'ordre des mots dans la phrase déclarative :
Sujet + Verbe + Complément (la place des compléments de phrase peut changer).

On peut transformer la phrase simple pour :

– interroger (phrases interrogatives)

a. questions appelant la réponse *Oui* / *Si* ou *Non*

– intonation montante ⟶ Vous avez des animaux ?
– *Est-ce que...* ⟶ Est-ce que vous avez des animaux ?
– intonation montante + *n'est-ce pas* ⟶ Vous avez des animaux, n'est-ce pas ?

⚠ Si la question est à la forme négative, la réponse *Oui* n'est pas possible.

Vous n'avez pas d'animaux ? ⟶ Non. (Je n'ai pas d'animaux).
⟶ Si. (J'ai des animaux).

b. questions portant sur un élément de la phrase

sur le sujet	**Bernard** habite Lyon. **La guitare** fait du bruit.	**QUI** habite Lyon ? **QU'**est-ce qui fait du bruit ?
sur l'attribut	Martine est **jolie.** Il est **journaliste.** Ils sont **dix.** La voiture est **rouge.**	**COMMENT** est Martine ? **QU'**est-ce qu'il est ? **COMBIEN** sont-ils ? / est-ce qu'ils sont ? **DE QUELLE COULEUR** est la voiture ?
sur le verbe	Vous **travaillez.**	**QU'**est-ce que vous faites ?
sur le complément direct	Bernard montre **ses photos.** Elle embrasse **ses parents.**	**QU'**est-ce que Bernard montre ? **QUI** est-ce qu'elle embrasse ?
sur le complément indirect	Laurent écrit **à Martine.** Martine pense **à son travail.**	**À QUI** est-ce que Laurent écrit ? **À QUOI** est-ce que Martine pense ?

sur un complément de phrase	Ils vont **à Lyon.** Ils viennent **de Lyon.** Elles partent **demain.** Il parle **vite.** Elle vient **pour te voir.** Ils restent **une semaine.** Ça coûte **vingt francs.**	**OÙ** est-ce qu'ils vont ? **D'OÙ** est-ce qu'ils viennent ? **QUAND** est-ce qu'elles partent ? **COMMENT** est-ce qu'il parle ? **POURQUOI** est-ce qu'elle vient ? **COMBIEN DE TEMPS** est-ce qu'ils restent ? **COMBIEN** est-ce que ça coûte ?

– Remarques : – En français parlé, on dit souvent :

Il produit **des fauteuils en cuir.** — Il produit **QUOI ?**
Elle viendra **demain.** — Elle viendra **QUAND ?**

– Si le mot interrogatif est en tête de phrase, on peut :
- utiliser *est-ce que*
- et garder l'ordre des mots de la phrase déclarative.

Il vient **à la fin des soirées.**

QUAND

Quand est-ce qu'il vient ?

– On utilise l'inversion sujet/verbe surtout en langue écrite.

Quand vient-**il ?**

– dire que Non (phrases négatives)

Martine **n'** aime **pas** le cinéma.
Ses parents **ne** sont **pas** allés à l'exposition.

⚠ **ne ... rien - ne ... personne**

Elle **ne** voit **rien.** / **personne.** mais : Elle **n'a rien** vu. Elle **n'a** vu **personne.**

– mettre en relief un mot ou un groupe de mots

Monsieur Duray a téléphoné. → **C'est** monsieur Duray **qui** a téléphoné.

Laurent vous parle. → **C'est** à vous **que** Laurent parle.

– exprimer fortement des sentiments et des émotions (phrases exclamatives)

Ces fleurs sont belles. → **Que** ces fleurs sont belles !
Quelles belles fleurs !

– mettre au passif

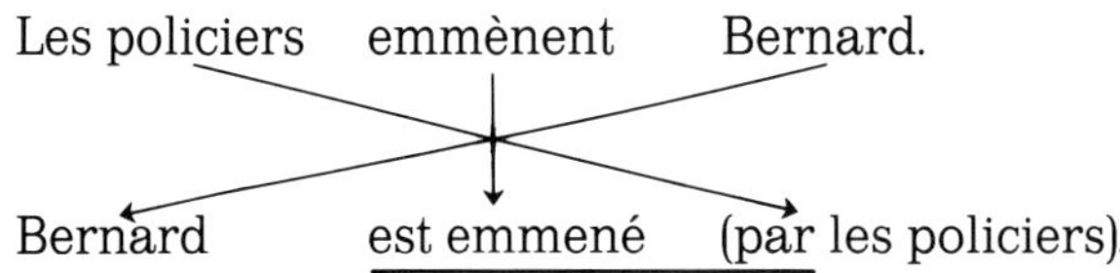

– Remarque : On trouve souvent la construction : **On** + verbe.

Ces meubles sont fabriqués ici. = **On fabrique** ces meubles ici.

2. Le groupe du verbe

• la conjugaison des verbes

VERBES RÉGULIERS

AIME**R**

présent	imparfait	futur	passé composé	impératif	participe
j' **aim** e	j' **aim** ais	j' **aimer** ai	j' ai **aim** é		présent :
tu aim es	tu aim ais	tu aimer as	tu as aim é	**aim** e	**aim** ant
il / elle / on aim e	il / elle / on aim ait	il / elle / on aimer a	il / elle / on a aim é		
nous aim ons	nous aim ions	nous aimer ons	nous avons aim é	aim ons	passé :
vous aim ez	vous aim iez	vous aimer ez	vous avez aim é	aim ez	aim é
ils / elles aim ent	ils / elles aim aient	ils / elles aimer ont	ils / elles ont aim é		

FINI**R**

je **fini** s	je **finiss** ais	je **finir** ai	j' ai **fin** i		présent :
tu fini s	tu finiss ais	tu finir as	tu as fin i	**finis**	**finiss** ant
il / elle / on fini t	il / elle / on finiss ait	il / elle / on finir a	il / elle / on a fin i		
nous **finiss** ons	nous finiss ions	nous finir ons	nous avons fin i	**finiss** ons	passé :
vous finiss ez	vous finiss iez	vous finir ez	vous avez fin i	finiss ez	**fin** i
ils / elles finiss ent	ils / elles finiss aient	ils / elles finir ont	ils / elles ont fin i		

VERBES IRRÉGULIERS

Verbes les plus fréquents :

ÊTRE

présent	imparfait	futur	passé composé	impératif	participe
je **suis**	j' **ét** ais	je **ser** ai	j' ai **été**		présent :
tu **es**	tu ét ais	tu ser as	tu as été	**sois**	**ét** ant
il / elle / on **est**	il / elle / on ét ait	il / elle / on ser a	il / elle / on a été		
nous **sommes**	nous ét ions	nous ser ons	nous avons été	**soy**ons	passé :
vous **êtes**	vous ét iez	vous ser ez	vous avez été	soyez	ét é
ils / elles **sont**	ils / elles ét aient	ils / elles ser ont	ils / elles ont été		

AVOIR

j' **ai**	j' **av** ais	j' **aur** ai	j' ai **eu**		présent :
tu **as**	tu av ais	tu aur as	tu as eu	**aie**	**ay** ant
il / elle / on **a**	il / elle / on av ait	il / elle / on aur a	il / elle / on a eu		
nous **av** ons	nous av ions	nous aur ons	nous avons eu	**ay** ons	passé :
vous **av** ez	vous av iez	vous aur ez	vous avez eu	ay ez	**eu**
ils / elles **ont**	ils / elles av aient	ils / elles aur ont	ils / elles ont eu		

ALLER

je **vais**	j' **all** ais	j' **ir** ai	je suis **allé**(e)		présent :
tu **vas**	tu all ais	tu ir as	tu es allé(e)	**va**	**all** ant
il / elle / on **va**	il / elle / on all ait	il / elle / on ir a	il / elle / on est allé(e)		
nous **all** ons	nous all ions	nous ir ons	nous sommes allé(e)s	**all** ons	passé :
vous all ez	vous all iez	vous ir ez	vous êtes allé(e)s	all ez	all é
ils / elles **vont**	ils / elles all aient	ils / elles ir ont	ils / elles sont allé(e)s		

Remarque : *je/j'* *nous*
tu *vous*
il/elle/on *ils/elles*
sont des pronoms sujets.

Autres verbes irréguliers :

FAIRE :	prés. :	je fais - nous faisons - vous faites - ils font
	fut. :	je ferai
	passé comp. :	j'ai fait
VOULOIR :	prés. :	je veux - nous voulons - ils veulent
	fut. :	je voudrai
	passé comp. :	j'ai voulu
POUVOIR :	prés. :	je peux - nous pouvons - ils peuvent
	fut. :	je pourrai
	passé comp. :	j'ai pu
DEVOIR :	prés. :	je dois - nous devons - ils doivent
	fut. :	je devrai
	passé comp. :	j'ai dû
SAVOIR :	prés. :	je sais - nous savons
	fut. :	je saurai
	passé comp. :	j'ai su
VENIR :	prés. :	je viens - nous venons - ils viennent
	fut. :	je viendrai
	passé comp. :	je suis venu(e)
TENIR :	prés. :	je tiens - nous tenons - ils tiennent
	fut. :	je tiendrai
	passé comp. :	j'ai tenu
DIRE :	prés. :	je dis - nous disons - vous dites - ils disent
	fut. :	je dirai
	passé comp. :	j'ai dit
LIRE, PLAIRE, CONDUIRE :	prés :	je lis/plais/conduis - nous lisons/plaisons/conduisons
	passé comp. :	j'ai lu/plu/conduit
PARTIR, SORTIR :	prés. :	je pars/sors - nous partons/sortons
	passé comp. :	je suis parti (e)/sorti (e)
VOIR, CROIRE :	prés. :	je vois/crois - nous voyons/croyons
	passé comp. :	j'ai vu/cru
PRENDRE, APPRENDRE, COMPRENDRE :	prés. :	je prends - nous prenons - ils prennent
	passé comp. :	j'ai pris/appris/compris
METTRE, PROMETTRE :	prés. :	je mets - nous promettons
	passé comp. :	j'ai mis/promis
BOIRE, RECEVOIR :	prés. :	je bois/reçois - nous buvons/recevons - ils boivent/reçoivent
	passé comp. :	j'ai bu/reçu
ÉCRIRE, VIVRE :	prés. :	j'écris/je vis - nous écrivons/vivons
	passé comp. :	j'ai écrit/vécu

Remarques importantes :

- Les verbes réguliers en -ER n'ont que 2 bases : Ex. : **aim**- et **aimer**- (futur et conditionnel)
- Les verbes réguliers en -IR ont 3 bases : Ex. : **fini**-, **finiss**-, et **finir**-
- Les verbes irréguliers ont 2 ou 3 bases au présent.

- L'imparfait a toujours la base de la première personne du pluriel du présent :

  Nous **buv** ons → Je **buv** ais
  Nous **finiss** ons → Je **finiss** ais

  ⚠ sauf pour *être :* **J'étais**

- Le passé composé se forme avec :

  - **avoir + participe passé**

    J'ai vu. Nous avons téléphoné.

  - **être + participe passé**

    - pour quelques verbes de mouvement :

aller	entrer	arriver	monter	passer	rester
venir	sortir	partir	descendre	tomber	devenir

      Nos trois amis sont partis.
      Martine et Véronique sont arrivées à cinq heures.

    - pour tous les verbes pronominaux :
      Elles se sont vues hier.
      Ils se sont promenés dans Lyon.

    ⚠ On doit alors faire l'accord du participe passé avec le sujet.

- Le futur et le conditionnel se forment avec :

  l'infinitif + **ai - as - a - ons - ez - ont** (pour le futur)
  ais - ais - ait - ions - iez - aient (pour le conditionnel)
  (terminaisons de l'imparfait)

  ⚠ Certains verbes ont des bases irrégulières pour le futur et le conditionnel :

Futur	aller :	j'**ir**ai	avoir :	j'**aur**ai	vouloir :	je **voudr**ai
	faire :	je **fer**ai	savoir :	je **saur**ai	venir :	je **viendr**ai
	pouvoir :	je **pourr**ai	être :	je **ser**ai	tenir :	je **tiendr**ai
	voir :	je **verr**ai	devoir :	je **devr**ai	falloir :	il **faudr**a

- L'emploi des temps du passé

  - Vous voulez raconter une série d'événements ou d'actions passés
    (Action 1, Action 2, Action 3)

    → employez le **passé composé.**

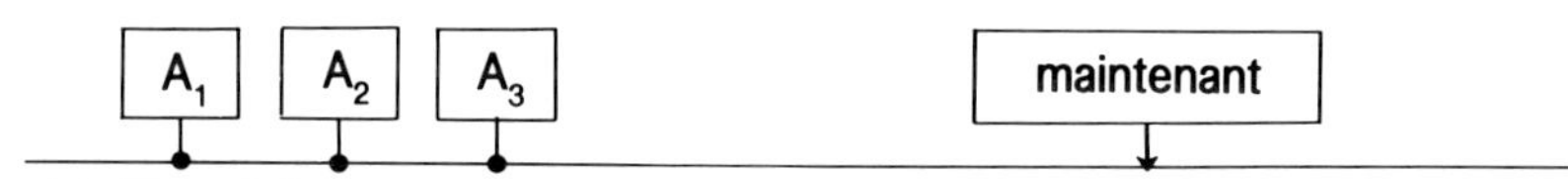

A1 Hier, Martine est sortie.
A2 Elle a pris un taxi.
A3 Elle est allée au journal.

• Vous voulez, au contraire, décrire des circonstances, un décor, des lieux, des choses et des gens dans le passé

→ employez **l'imparfait.**

maintenant

Les rues étaient pleines de gens.
Ses amis l'attendaient.

• L'imparfait sert également à exprimer
  - l'habitude dans le passé : Elle allait au journal tous les matins.
  - l'hypothèse avec doute : Si Bernard avait de l'argent, il partirait en vacances.
  - la suggestion : Si on partait !

• les pronoms compléments

- Leur place : entre le sujet et le verbe, sauf à l'impératif.
  Pensez à la composition d'une équipe de football avec 5 avants, 3 demis, 2 arrières et un gardien de but !

me, m' te, t' se, s' nous vous	le, la (l') les	lui leur	y/en
1	2	3	4

Règle : On ne peut pas avoir plus de deux pronoms compléments à la suite.
Règle : Il faut utiliser les pronoms dans l'ordre ; 1-2 ou 2-3 ou 1-4 ou 3-4 ou seuls.

Nous envoyons ce paquet à Bernard. → Nous **le lui** envoyons.
→ Non, ne **le lui** envoyez pas.
Tu as donné de l'argent à Laurent. → Tu **lui en** as donné.
→ Ne **lui en** donne pas.
Il t'a écrit cette lettre. → Il **te l'**a écrite.

⚠ L'ordre est différent avec un impératif à la forme affirmative.

le la les	moi toi lui nous vous leur
1	2

m' t' lui nous vous leur	en
1	2

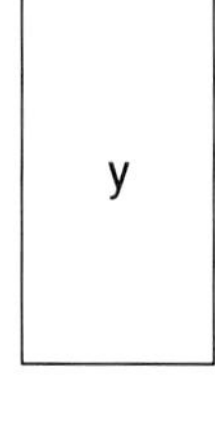

Montre cette lettre à Martine. → Montre-la-lui.
Donne du café à Bernard. → Donne-lui-en.
Va à la poste. → Vas-y.

• les pronoms (formes fortes)

moi - toi **lui / elle** **nous - vous** **eux / elles**

Ils sont employés :
- seuls (pour insister) : **Moi,** je pars. **Toi,** tu restes.
- après une préposition : Tu sors avec **lui.**
  Ils sont sortis avant **elle.**
  Elles parlent de **nous.**

• les pronoms Y et EN

Y = **à + nom de lieu**	Elle va **à Paris.**	→ Elle **y** va.
à + compl. (choses)	Elle pense **à ses problèmes.**	→ Elle **y** pense.
⚠ **à + compl.** (pers.)	Elle pense **à ses amis.**	→ Elle pense **à eux.**

EN = **de + nom de lieu**	Il vient **de Paris.**	→ Il **en** vient.
de + compl. (choses)	Il s'occupe **de ses affaires.**	→ Il **s'en** occupe.
⚠ **de + compl.** (pers.)	Il s'occupe **de ses enfants.**	→ Il s'occupe **d'eux.**

• place des adverbes dans le groupe du verbe

- après le verbe à un temps simple : Je vois **souvent** Martine.
  Laurent travaille **trop.**
- après l'infinitif ou le participe : Il veut travailler **beaucoup.**
  Elles sont venues **rapidement.**

3. Le groupe du nom

• composition et place des éléments

avant le nom					NOM	après le nom	
tout(e) tous toutes	le, la, l', les un, une, des ce, cet, cette, ces mon, ma, mes...	deux trois ...	premier second troisième ...	grand petit beau bon jeune vieux joli vrai	homme femme voiture ami etc.	rouge agréable	de...
	du, de la, de l' des un peu de beaucoup de quelques						qui... que...
	quel(s)/quelle(s)						

• le nom

masculin		féminin
stagiaire ami danseur acteur homme	= **+ e** **eur → euse** **eur → rice** ≠	stagiaire ami**e** dans**euse** act**rice** femme

singulier		pluriel
voiture bateau journal souris	**+ s** **+ x** **al → aux** =	voiture**s** bateau**x** journ**aux** souris

Le nom peut être seul (sans article et sans adjectif).
- noms propres : **Martine Doucet** est là. Mais : ⚠ **Les** Duray sont là.
- noms de ville : **Lyon** est une grande ville.
- noms attributs : Bernard est **photographe.**
- après certaines prépositions : une chaise de **cuisine** – un fauteuil en **cuir**
- dans certaines expressions : avoir **mal** – avoir **faim** – avoir **raison**

• l'article défini

singulier	
masculin	féminin
le nom **l'**hôtel	**la** page **l'**adresse

pluriel	
masculin et féminin	
les noms **les** hôtels	**les** pages **les** adresses

⚠ **à + le = au** Elle va **au** marché.
à + les = aux Il écrit **aux** enfants.
de + le = du Elle revient **du** marché.
de + les = des le prix **des** livres

• Les noms de pays, de provinces, de fleuves prennent l'article défini :
la France – **l'**Allemagne – **l'**Autriche – **la** Suisse
la Bretagne – **la** Provence – **la** Normandie
la Seine – **le** Rhône – **la** Saône

⚠ sauf quand ils sont précédés par les prépositions *en* et *de*.

Ils arrivent d'Allemagne. (nom féminin) mais : Ils arrivent du Portugal.
Ils vont en Hollande. (nom féminin) mais : Ils vont aux États-Unis.

• l'article indéfini

singulier	
masculin	féminin
un journaliste étudiant	**une** stagiaire étudiante

pluriel
masculin et féminin
des journalistes étudiants

• l'article partitif

Il s'emploie devant des noms désignant des substances, des quantités, des qualités dont on ne peut préciser ou compter le nombre.

- substances : **du** pain, **de la** viande, **de l'**eau
- quantités indéfinies : Donne-moi **du** lait.
- qualités : Ils ont **du** courage.

masculin	féminin
du vin **de l'**air	**de la** bière **de l'**eau

• l'expression de la quantité

Elle a acheté

un peu
beaucoup
assez
trop
une livre
un paquet

de café.

Quantité 0 : Elle **n'a pas** acheté **de** café.

Elle en a acheté

un peu
beaucoup
assez
trop
une livre
un paquet

Elle **n'en** a **pas** acheté.

Elle a acheté

trois
beaucoup } **de** **assez** **trop**

livres.

Quantité 0 : Elle **n'a pas** acheté **de** livres.

Elle en a acheté

trois
beaucoup **assez** **trop**

Elle **n'en** a **pas** acheté.

• les nombres cardinaux

0 zéro	10 dix	20 vingt	100 cent
1 un	11 onze	21 vingt et un	200 deux cent(s)
2 deux	12 douze	22 vingt-deux	307 trois cent sept
3 trois	13 treize	30 trente	542 cinq cent quarante-deux
4 quatre	14 quatorze	40 quarante	1 000 mille
5 cinq	15 quinze	50 cinquante	1 982 mille neuf cent quatre-vingt-deux
6 six	16 seize	60 soixante	
7 sept	17 dix-sept	70 soixante-dix	
8 huit	18 dix-huit	80 quatre-vingt(s)	
9 neuf	19 dix-neuf	90 quatre-vingt-dix	1 000 000 un million

• les nombres ordinaux

1er premier
2e deuxième (ou second)
3e troisième... et quatrième, cinquième, sixième, etc.

• l'adjectif possessif

singulier		pluriel
masculin	féminin	masculin et féminin
mon nom **ton** chapeau **son** âge	**ma** maison **ta** cousine **sa** voiture ⚠ **mon** adresse **ton** amie **son** heure	**mes** amis/amies **tes** chapeaux/chaussures **ses** objets/chansons
notre livre/conversation **votre** pain/viande **leur** avion/adresse		**nos** livres/conversations **vos** journaux/méthodes **leurs** chiens/filles

• l'adjectif démonstratif

singulier	
masculin	féminin
ce livre **cet** ami	**cette** femme amie

pluriel
masculin et féminin
ces livres/femmes amis/amies

• l'adjectif interrogatif/exclamatif

	masculin	féminin
singulier	**Quel**	**Quelle**
pluriel	**Quels**	**Quelles**

Quelle heure est-il ?

Quel beau livre !

• l'adjectif qualificatif

masculin		féminin
facile - jeune - triste - jaune - classique		
vrai grand	**+ e**	vrai**e** grand**e**
heureux	**x → se**	heureu**se**
sportif	**f → ve**	sporti**ve**
beau/bel nouveau/nouvel	**el** ↘ **elle** **eau** ↗	b**elle** nouv**elle**

singulier	pluriel
joli jolie	joli**s** joli**es**
nouv**eau** nouv**elle**	nouv**eaux** nouv**elles**
amic**al** amic**ale**	amic**aux** amic**ales**

- L'adjectif qualificatif se place en général après le nom et s'accorde avec lui.

  C'est une voiture américaine.
  Il travaille sur des exercices longs et difficiles.

- Certains adjectifs peuvent aussi se placer avant le nom comme : nouveau, bon, beau, joli, vrai, jeune, vieux, grand, petit.

• la comparaison

- **le comparatif – moins, = aussi, + plus ... que/qu'**

Un chien est	moins rapide aussi intelligent plus grand	qu'un chat.

⚠ bon → meilleur
mauvais → pire

- **le superlatif** **– le moins, + le plus / la moins, la plus**

  Laurent est le plus gentil de mes amis.
  Martine est la moins belle de mes sœurs.
  le jour le plus long

- L'adjectif peut être précédé de **bien** ou de **très.**

  Bernard est | **bien** / **très** | intelligent.

• les pronoms

Le groupe du nom peut être remplacé par un pronom (pro-nom).
Mes deux meilleurs amis / **Ils** } arrivent demain.

(voir la liste des pronoms sujets p. 158)

- **les pronoms démonstratifs**

ceci **cela**	**ça**

singulier	
celui-ci **celui-là**	**celle-ci** **celle-là**

pluriel	
ceux-ci **ceux-là**	**celles-ci** **celles-là**

ce qui ... **ce que ...** **celui qui ...,** **celui que ...**
celui de ..., **celle de ..., ceux de ..., celles de ...**

⚠ *celui, celle, ceux, celles* ne s'emploient jamais seuls.

Je choisis celle-ci.

• la proposition relative

L'homme / La voiture | **qui** | **parle français.** / **va vite.**

L'homme / La voiture | **que** | **j'ai vu.** / **tu as achetée.**

CORRIGÉS

Émission 1

AVEZ-VOUS BIEN SUIVI L'HISTOIRE ?

1 Laurent est l'ami de Bernard.
Martine est la cousine de Laurent.
Bernard est photographe.
Monsieur Duray est rédacteur en chef.
Madame Legros est la patronne de l'hôtel.

2 *b* - *d* - *a* - *c*

3 *a* 2 - *b* 3

4 *b*

5 1re photo : Danseuse ! Mais c'est merveilleux !
2e photo : Elle est toute petite ! – Non, c'est non.
3e photo : Et vous, vous êtes très gentil.

ÇA PEUT VOUS ÊTRE UTILE

Réponses possibles :

1 Bonsoir, Monsieur.
Bonsoir, Monsieur/Madame.
Vous avez deux chambres pour quatre personnes ?
Oui. C'est pour une nuit ?
Non, pour trois nuits.
Bon, alors la 23 et la 24.
C'est à quel étage ?
Au quatrième.
Il y a un ascenseur ?...

2 Allô. L'hôtel des Américains ?
Oui.
C'est combien une chambre pour une nuit ?...

3 Bonjour, Monsieur/Madame.
Bonjour.
Je pars ce matin. Vous avez ma note ?
Mais oui. Voilà.
Trois cent vingt francs. Très bien. Voilà...

POUR COMPRENDRE ET POUR VOUS EXPRIMER

2 Laurent est journaliste.
Monsieur Duray est rédacteur en chef.
Bernard est photographe.

3 C'est un cinéma.
C'est une église.
C'est un hôtel.

4 *a.* le - *b.* l' - *c.* la - *d.* les - *e.* les

5 *a.* Mais non, on ne sort pas.
b. Mais non, elles ne sont pas à Lyon.
c. Mais non, elle n'aime pas le théâtre.
d. Mais non, madame Legros n'est pas en haut.
e. Mais non, elle ne part pas.

7 Tu es fâché(e) ?
Tu as un rendez-vous ?
Vous avez un chien ?
Vous êtes fâché(e) ?

APPRENEZ À ÉCOUTER... ET À DIRE

2 *a.* Ton rendez-vous est à six‿heures.
b. Vous‿êtes deux dans le bureau ?
c. Bernard est mon meilleur‿ami.
d. Il‿est l'heure.

3 1re photo : *a*
2e photo : *a*

Émission 2

AVEZ-VOUS BIEN SUIVI L'HISTOIRE ?

1 *b* - *d* - *a* - *c*

2 *b* - **3** *c* - **4** *b* - **5** *c*

6 1re photo : Casanova est invité !
2e photo : Ah, vous voilà !
3e photo : Cent francs, c'est tout ?

POUR COMPRENDRE ET POUR VOUS EXPRIMER

3 *a.* Pars. – Tu pars ?
b. Fais le service. – Tu fais le service ?
c. Montre les photos. – Tu montres les photos ?
a. Ne faites pas de photos.
b. Ne touchez pas à la porte.

4 *a.* Voilà mon journal.
b. Voilà son amie.
c. Voilà son verre.
d. Voilà sa souris.

5 *a.* C'est un bon journal.
b. C'est une petite souris.
c. C'est une belle église.
d. Il a un grand chien.
e. Elles sont charmantes.

6 *a.* Si. - *b.* Si. - *c.* Si. - *d.* Non. - *e.* Non.

Émission 3

AVEZ-VOUS BIEN SUIVI L'HISTOIRE ?

1 *d* - *c* - *a* - *b*

2 *c* - **3** *b* - **4** *b* - **5** *a*

6 1re photo : Coupé !...
2e photo : Quelle journée !
3e photo : Certains jours, je ne comprends rien aux femmes...

POUR COMPRENDRE ET POUR VOUS EXPRIMER

3 *a.* du - à - *b.* des - en - *c.* au - du - *d.* d' - au

5 *a.* le - *b.* te - *c.* la - *d.* me - *e.* les

APPRENEZ À ÉCOUTER... ET À DIRE

1 *a.* F - *b.* F - *c.* F - *d.* H -
e. 2 + - *f.* 2+ - *g.* 1 - *h.* 2+

2 *a.* F - *b.* F - *c.* M - *d.* M - *e.* F

Émission 4

AVEZ-VOUS BIEN SUIVI L'HISTOIRE ?

1 *d - b - c - a*

2 *c* - **3** *c* - **4** *c*

5 *a.* F - *b.* V - *c.* V - *d.* V - *e.* F

6 1re photo : Attention... Beaucoup de gens veulent faire du journalisme.
2e photo : Pas question. Vous restez ici.
3e photo : Nous, des voleurs !

POUR COMPRENDRE ET POUR VOUS EXPRIMER

2 *a.* moi - *b.* lui - *c.* Nous - *d.* Eux

5 *a.* C'est une petite chambre.
b. C'est une voiture jaune.
c. C'est un mauvais éclairage.
d. C'est une page réussie.

6 Réponses possibles :
a. Quelles bonnes photos ! ou Quelles photos excellentes !
b. Quelle page réussie ! ou Quelle bonne page !
c. Quelle idée excellente ! ou Quelle bonne idée !
d. Quelle petite voiture !

7 *a.* Il n'est pas excellent, cet article ! ou Cet article, il n'est pas excellent !
b. Il est mauvais, cet éclairage ! ou Cet éclairage, il est mauvais !
c. Elle est très grande, cette ville ! ou Cette ville, elle est très grande !
d. Elle fait des bruits curieux, cette voiture ! ou Cette voiture, elle fait des bruits curieux !

APPRENEZ À ÉCOUTER... ET À DIRE

2 *a.* beau - *b.* train - *c.* chat - *d.* plein - *e.* faut - *f.* faites - *g.* monde - *h.* papa - *i.* parents

Émission 5

AVEZ-VOUS BIEN SUIVI L'HISTOIRE ?

1 *d - b - a - e - c*

2 *b* - **3** *c*

4 *a.* F - *b.* V - *c.* F - *d.* V - *e.* F

5 *c*

6 1re photo : *a* - 2e photo : *b* - 3e photo : *a*

ÇA PEUT VOUS ÊTRE UTILE

3 Réponses possibles :
S'il vous plaît, donnez-nous deux bières (ou un thé et un café, ou deux cafés et une pâtisserie...)

POUR COMPRENDRE ET POUR VOUS EXPRIMER

3 Réponses possibles :
S'il vous plaît, donnez-moi du café au lait, du pain et du beurre (ou des croissants, des brioches, des tartines).

Émission 6

AVEZ-VOUS BIEN SUIVI L'HISTOIRE ?

1 *d* - **2** *d - c - e - b - a*

3 Réponse probable : *c.*

4 *a.* V - *b.* C - *c.* C - *d.* V. - *e.* C - *f.* C - *g.* V - *h.* V

5 *a.* Excusez-moi. *b.* Je vais réfléchir.
c. Ça s'appelle comment ?

6 1re photo : Surprise !
2e photo : N'oublie pas le pain.
3e photo : Au revoir !

ÇA PEUT VOUS ÊTRE UTILE

1 Dans le premier magasin, on vend du tabac et des cigarettes, dans le deuxième de la pharmacie et dans le troisième des livres.

2 Non.
Non.
Oui.

3 Non.
Oui.
Non.

POUR COMPRENDRE ET POUR VOUS EXPRIMER

2 *a.* 11 - *b.* 15 - *c.* 18 - *d.* 21 - *e.* 32 - *f.* 73 - *g.* 81 - *h.* 96 - *i.* 101 - *j.* 71
a. 125 F - *b.* 75 F - *c.* 48 F - *d.* 51 F - *e.* 90 F - *f.* 18 F
a. Ça fait dix-sept francs.
b. Ça fait soixante-quatre francs.
c. Ça fait cinquante-deux francs.
d. Ça fait quarante francs.

4 *a.* a acheté (acheter) - *b.* a pincé (pincer). - *c.* a reculé (reculer) - *d.* ont fait (faire) - *e.* ont passé (passer) - *f.* sont partis (partir) - *g.* sont sortis (sortir) - *h.* sont allés (aller) - *i.* est rentrée (rentrer)
Je remarque que, dans la construction *être* + participe passé, on fait l'accord entre le sujet et le participe passé.
Dans la construction avoir + participe passé, on ne fait pas l'accord.
– acheter / acheté - reculer / reculé - faire / fait - finir / fini - courir / couru - avoir / eu - voir / vu - venir / venu

APPRENEZ À ÉCOUTER... ET À DIRE

1 Tu viens avec nous ! → rassure
N'oublie pas le pain ! → rassure
Un quoi ? → exprime la surprise

Émission 7

AVEZ-VOUS BIEN SUIVI L'HISTOIRE ?

1 *c* - **2** *b* - *d* - *a* - *c* - *e* - **3** *c*

4 *a.* F - *b.* V - *c.* F

5 *b* (peut-être *a*)

6 1re photo : Marseille, c'est plus joli qu'ici.
2e photo : Tu sais bien que non, mais...
3e photo : Bon, et ensuite je t'invite à dîner.

POUR COMPRENDRE ET POUR VOUS EXPRIMER

2 *a.* Je suis désolé(e), je ne peux pas l'acheter.
b. Je suis désolé(e), je ne peux pas l'arranger.
c. Je suis désolé(e), je ne peux pas la laver.
d. Je suis désolé(e), je ne peux pas l'inviter.

3 Réponses possibles :
Quel film est-ce que vous préférez ?
Quelle voiture est-ce que vous aimez ?
Quel livre est-ce que vous préférez ?
Quelle ville est-ce que vous préférez ?

4 Réponses possibles :
L'avion est plus rapide que le train.
Le train est moins cher que l'avion.
La voiture est plus confortable que le train.
Le bateau est moins rapide que l'avion.

5 *a.* 2 - *b.* 3 - *c.* 1

APPRENEZ À ÉCOUTER... ET À DIRE

1 *a.* On dit PÈRE.
b. Sans bouger la langue, on met les lèvres comme pour dire PORTE.
c. On prononce PEUR.

3 *b*

Émission 8

AVEZ-VOUS BIEN SUIVI L'HISTOIRE ?

1 *b* **2** *b* - *e* - *f* - *d* - *a* - *c* **3** *c* - *f*

4 *c* - **5** *a.* F - *b.* V - *c.* F - *d.* V - *e.* V - *f.* F

6 1re photo : Ce téléphone m'énerve !
2e photo : Arrêtez, vous êtes pénibles.
3e photo : Et vous n'avez jamais vu d'Américains !

POUR COMPRENDRE ET POUR VOUS EXPRIMER

3 Réponses possibles :
Désolé(e), je dois aller chez mes parents.
j'ai un(e) ami(e) chez moi.
je vais au cinéma ce soir.
Ce soir ce n'est pas possible.
Non, pas ce soir. Une autre fois peut-être.

5 de : *a* - *i* - d' : *h* - à : *f*
Tu veux la réparer ?
Tu essaies de la réparer ?
Tu dois la réparer ?
Tu penses à la réparer ?
Tu n'oublies pas de la réparer ?
Tu as fini de la réparer ?

6 *a.* Où vas-tu ?
b. D'où viens-tu ?
c. À quoi penses-tu ?
d. Où habites-tu ?

APPRENEZ À ÉCOUTER... ET À DIRE

3 *a.* Just*e* un p*e*tit télégramm*e*.
b. J*e* veux vous apprendr*e* le métier.
c. J*e* dois m*e* coucher tôt.
d. Tu vas dir*e* que tu es malad*e*,
que tu n*e* peux pas partir.

Émission 9

AVEZ-VOUS BIEN SUIVI L'HISTOIRE ?

1 *b* ; **2** *d* - *c* - *b* - *e* - *f* - *a* - **3** *b* - *g* - **4** *c* et *e*

5 *a.* F - *b.* F - *c.* F - *d.* F - *e.* V

6 1re photo : Bon, ça va, j'ai compris.
2e photo : Merci.
3e photo : Tu sais, la mécanique et moi...

POUR COMPRENDRE ET POUR VOUS EXPRIMER

2 *a.* Non, je n'ai parlé à personne.
b. Non, je n'ai rien remarqué.
c. Non, je n'ai vu personne.
d. Non, je n'ai téléphoné à personne.
e. Non, je n'ai rien regardé.

3 Vous ne trouvez pas que vous êtes un peu ridicules ?
Regardez. On ne voit pas Bernard derrière son bouquet !
Pas fameuse, votre idée ! Et vos fleurs, elles ne sont pas très belles. Il y en a trop.
Vraiment, ça ne va pas ! Qu'est-ce qu'ils vont en penser, les Doucet ?

6 *a.* Si, il en a une. *c.* Si, il en a eu une.
b. Si, il en a acheté. *d.* Si, il s'en est occupé.

APPRENEZ À ÉCOUTER... ET À DIRE

1 *a.* t = d *c.* s = z
b. k = g *d.* ch = j

2 J'entends des voyelles nasales.

5 *a.* banque : k - *b.* route : t - *c.* superbe : b - *d.* boutique : k - *e.* coupe : p - *f.* raide : d - *g.* digue : g - *h.* attrape : p

Émission 10

AVEZ-VOUS BIEN SUIVI L'HISTOIRE ?

1 *b* - *d* - **2** *d* - *f* - *c* - *e* - *b* - *a* - **3** *b* - *e*

4 *a.* Laurent - *b.* Madame Doucet - *c.* Bernard - *d.* Martine - *e.* Monsieur Duray - *f.* Martine

5 *a.* V - *b.* V - *c.* F - *d.* F - *e.* V - *f.* V

6 1re photo : Oh, Papa !
2e photo : Ça commence bien, ce séjour à Annecy...
3e photo : En tout cas, c'est délicieux !

POUR COMPRENDRE ET POUR VOUS EXPRIMER

1 Réponses possibles :
a. Désolé(e), je suis vraiment maladroit(e).
b. Excusez-moi, je me suis trompé(e) de numéro.
c. Excusez-moi, je n'ai pas pris mes papiers. Est-ce que je peux aller les chercher ?
d. Pardonnez-moi. C'est vraiment stupide. Je ne vous ai pas vu venir.

2 *a.* Non, ce n'est pas lui.
b. Non, ce n'est pas elle.
c. Oui, c'est lui.
d. Oui, c'est lui.
e. Oui, c'est lui.

4 *a.* Bernard et Laurent étaient désolés.
b. Madame Doucet était heureuse.
c. Monsieur Doucet était inquiet pour Bernard.

événements :
je suis sorti
il a fait beau
le téléphone a sonné
M. et L. sont entrés chez Bernard

circonstances :
il faisait beau
j'étais chez Martine
M. et L. étaient chez Bernard
le téléphone sonnait

APPRENEZ À ÉCOUTER... ET À DIRE

1 *a.* dt - *b.* jt - *c.* lb - dn - *d.* dk - *e.* dp

2 *a.* Viendra-t-elle par le train ?
b. Arrivera-t-il à six heures ?
c. Va-t-elle en Italie ?
d. A-t-il une voiture ?

Émission 11

AVEZ-VOUS BIEN SUIVI L'HISTOIRE ?

1 *e* - *a* - *d* - *c* - *b*

2 *c* - *h* - **3** *a.* Émile - *b.* Martine - *c.* Bernard - *d.* Bernard - *e.* Laurent

4 *a.* V - *b.* F - *c.* V - *d.* F - *e.* F - *f.* V

5 *a.* son passeport - *b.* on change de l'argent - *c.* on la cherche

6 1re photo : C'est intelligent !
2e photo : Vous imaginez la tête d'un de nos clients...
3e photo : Tu passes un tour !

POUR COMPRENDRE ET POUR VOUS EXPRIMER

1 *a.* Vous êtes / Tu es ici depuis combien de temps ?
b. Vous partez / Tu pars pour combien de temps ?
c. Vous restez / Tu restes ici combien de temps ?
d. Vous êtes arrivé(es) / Tu es arrivé(e) depuis combien de temps ?

3 Réponses possibles :
Il aimerait aller au café.
Il voudrait partir en voiture.
Il aimerait aller voir ses amis...

4 Réponses possibles :
a. Vous allez souvent en Suisse ?
b. Vous pensez à votre travail ?
c. Vous restez longtemps à Paris ?
d. Ils connaissent Lyon ?

5 *a.* passé composé - *b.* passif - *c.* passif - *d.* passé composé
a. La voiture a été lavée.
b. La clef a été trouvée.
c. La voiture a été réparée.

APPRENEZ À ÉCOUTER... ET À DIRE

c. Bernard paraît très inquiet.
Sa clef est tombée dans le chocolat.
Il fixe des yeux l'endroit où sa clef est tombée.

Émission 12

AVEZ-VOUS BIEN SUIVI L'HISTOIRE ?

1 *e - b - c - a - d* - **2** *a - e*

3 *a.* F - *b.* F - *c.* V - *d.* F - *e.* V

4 *a.* Marc - *b.* Martine - *c.* Émile - *d.* Martine - *e.* Monsieur Duray

5 1re photo : Mais enfin... ça ne va pas ?
2e photo : On a quand même le temps de finir !
3e photo : Qu'est-ce que vous en pensez ? Ça vous va ?

POUR COMPRENDRE ET POUR VOUS EXPRIMER

1 *a.* Il a glissé, Bernard. (ou) Bernard, il a glissé.
b. Il ne l'a pas vu, le lac. (ou) Le lac, il ne l'a pas vu.
c. Allez les retrouver, vos amis. (ou) Vos amis, allez les retrouver.
d. Il est créé, le bureau de Nice. (ou) Le bureau de Nice, il est créé.

3 *a.* produire / production - *b.* allumer / allumage - *c.* renseigner / renseignement - *d.* transmettre / transmission - *e.* réparer / réparation - *f.* éloigner / éloignement - *g.* télescoper / télescopage - *h.* essayer / essai - *i.* occuper / occupation - *j.* rédiger / rédaction - *k.* s'évanouir / évanouissement - *l.* appeler / appel

4 *a.* F - *b.* F - *c.* M - *d.* M - *e.* F - *f.* M - *g.* F - *h.* F - *i.* M - *j.* F - *k.* M - *l.* F

APPRENEZ À ÉCOUTER... ET À DIRE

3 Il y a six manières : c + a, o, ou, u, r - q - ck - cc k - ch
Il y a trois manières d'écrire le son o : o - au - eau.

LEXIQUE

Table

Imprimé en France par BRODARD GRAPHIQUE – Coulommiers-Paris HA/4341/2
Dépôt légal n° 0872-4-1986 – Collection n° 28 – Édition n° 01

15/4673/8